加里波利战役研究

Study on Gallipoli Campaign

陈利宽◎著

世界知识出版社

图书在版编目（CIP）数据

加里波利战役研究 / 陈利宽著. —北京：世界知识出版社，2020.4
ISBN 978-7-5012-6185-7

Ⅰ.①加… Ⅱ.①陈… Ⅲ.①第一次世界大战战役—登陆战—达达尼尔海峡—1915-1916—研究 Ⅳ.①E194.3

中国版本图书馆CIP数据核字（2020）第032313号

责任编辑	袁路明
责任出版	赵 玥
责任校对	陈可望
封面设计	小 月

书　名	**加里波利战役研究** Jiali Boli Zhanyi Yanjiu
作　者	陈利宽 著
出版发行	世界知识出版社
地址邮编	北京市东城区干面胡同51号（100010）
网　址	www.ishizhi.cn
电　话	010-65265923（发行）　010-85119023（邮购）
经　销	新华书店
印　刷	北京虎彩文化传播有限公司
开本印张	980×680毫米　1/16　12¾印张
字　数	200千字
版次印次	2020年4月第一版　2020年4月第一次印刷
标准书号	ISBN 978-7-5012-6185-7
定　价	48.00元

版权所有　侵权必究

陕西省教育厅重点科研项目"当代土耳其反西方思潮研究"
（项目号：16JZ081）资助

延安大学博士科研启动项目资助

延安大学2019年度学术专著与教材出版资金资助

引 言

当大众的目光都聚焦于第一次世界大战欧洲战场之时，却忽视了发生在中东战场奥斯曼帝国境内土耳其海峡和加里波利半岛的一场深刻影响一战进程的经典战役——加里波利战役。

加里波利战役对大多数人来说仍然是一个陌生的存在。而关注过此战的人也会发出这样的一系列疑问：

为什么此战由如日中天的大英帝国皇家海军和世界第三海军强国法国海军组成的联合舰队折戟沉沙？英法出动50万陆海空军进行的大规模登陆作战也无功而返？而他们的对手竟然是长期不入欧洲列强法眼的"西亚病夫"奥斯曼帝国。

为什么英国政局因此战发生变动，同盟国集团因此战暂时获得战争优势；沙皇俄国因此战被同盟国彻底封锁，国内政治经济危机加剧，一步步走向二月革命，走向覆灭？

为什么此战被称为土耳其民族的雄起之战？

改变阿拉伯民族历史命运的阿拉伯民族大起义与此战又有什么关系？

远在万里之外的澳大利亚和新西兰为什么认为此战刺激了本国民族意识的萌发？

加里波利战役在世界军事发展史上有什么地位？为什么后来的大国如此重视这次登陆作战？加里波利战役又对第二次世界大战期间发生的诺曼底登陆作战产生了什么影响？

带着这些疑问，让我们共同随作者走进一战经典——加里波利战役。

目 录

前 言 1
 一、研究背景和意义 1
 二、国内外研究动态 2
 三、写作思路和方法理论 10
 四、研究特色、创新点和研究内容 12

第1章　加里波利战役的概念解读 15
第一节　战役的概念 15
 一、战役的定义 15
 二、战役与会战、战斗、战争的区别 16
第二节　加里波利战役的相关概念辨析 20
 一、国内外学界关于加里波利战役的定义 20
 二、关于加里波利战役相关概念的阐释 21

第2章　加里波利战役爆发的背景和原因 23
第一节　东方问题——大国围绕衰弱的奥斯曼帝国的博弈 ... 23
第二节　奥斯曼帝国加入同盟国集团 26
第三节　加里波利战役的爆发 35
 一、英国的战略和利益考量 35

3

二、俄国的求援 36

第3章 战役过程 37
第一节 加里波利战役作战方案的产生 37
  一、一战前英国政府对土耳其海峡行动可能性的探讨 37
  二、一战爆发后英国政府加里波利战役作战方案的制定 38
第二节 战前各方态度和准备 44
  一、协约国集团方面 44
  二、奥斯曼帝国和德国方面 47
  三、中立国方面 49
第三节 加里波利半岛和达达尼尔海峡的地理环境 50
  一、加里波利半岛的地形和气候 51
  二、达达尼尔海峡的地理环境 52
第四节 双方军事力量对比 52
第五节 战役进程 55
  一、海上进攻阶段 55
  二、英法军队海陆联合登陆作战阶段 68
  三、加里波利战役中的其他作战方式 95

第4章 奥斯曼帝国获胜的原因 101
第一节 战争准备 101
第二节 地形条件 105
第三节 指挥官能力 106
第四节 情报工作 115
第五节 军队的战术素养 116
第六节 内部凝聚力 119

第5章　加里波利战役的历史影响 124
第一节　加里波利战役对作战双方的影响 124
第二节　加里波利战役对于中立国和一战的影响 127
第三节　加里波利战役对中东战场的影响 131
第四节　加里波利战役在世界军事发展史上的地位和作用 132
一、陆海空联合作战的雏形 132
二、加里波利战役对诺曼底登陆作战方案制定的影响 134

第6章　加里波利战役的遗产 135
第一节　澳大利亚和新西兰民族意识的萌发 135
第二节　加里波利战役在当代土耳其共和国的地位 143

结　语 149
附　录 157
一、加里波利战役年表 157
二、重要相关条约和文件 162
三、加里波利战役重要地名中英文对照 171
四、加里波利战役重要人物 172

参考文献 175
后　记 191

前　言

一、研究背景和意义

对人类历史进程产生深远影响的第一次世界大战已经过去100年。一战史研究在中国的世界史研究领域占有重要位置。但国内学界对一战的研究主要集中在西线战场和东线战场，而对第一次世界大战中东战场以及一战与中东历史发展问题缺少关注。

2014年，极端组织"伊斯兰国"开始在中东地区大肆扩张。该组织的目标是消除二战结束后现代中东的国家边界。但实际上，现代中东民族国家体系是由第一次大战期间及战后大国政治安排推动形成的。一战对现代中东国家边界的确定具有奠基意义。"伊斯兰国"再次引发学术界对"第一次世界大战与现代中东发展"问题的关注。第一次世界大战对现代中东历史发展产生了深远的影响。一战导致中东地区地缘政治版图的破碎化，地区发展受外部因素的制约加大。现代中东国家之间广泛存在的领土争端的根源大多与一战期间及战后大国的政治干预有关。引发全世界关注的阿以冲突、库尔德人问题和中东地区极端主义等的问题的缘起都开始于第一次世界大战。第一次世界大战已经过去100年，但其对中东地区发展的影响一直持续到今天。不可否认的是，今天中东地区政治动荡和一战期间及战后大国的殖民扩张和霸权主义政策有很深的关联。

加里波利战役是第一次世界大战期间发生在中东战场的最大规模

战役,它对参战国和一战进程均产生了重要影响。对加里波利战役进行研究,可以深化对国内学界对第一次世界大战历史的研究,也有助于从深层次洞察当代中东地区乱局。

二、国内外研究动态

(一)国内研究动态

目前国内还没有关于加里波利战役的专门和系统研究,对加里波利战役研究只是在论文和书中少量涉及;相关著作以翻译外国学者的著作为主。涉及该战役的相关论文也有不少是翻译外国学者的成果。

国内学术界论文涉及加里波利战役的主要的成果有张超的《加里波利战役回顾与启示》、[①]郭强和韩冰的《"一战"中的最大的登陆战——加里波利登陆》、[②]杜立平的《大登陆——20世纪最著名的六次重大登陆战役》、[③]张艳明和曹家伟的《奋战达达尼尔海峡——英国E级潜艇一战期间在马尔马拉海域的传奇经历》、[④]晓闻的《达达尼尔登陆作战的失败》、[⑤]马翱翔的《丘吉尔曾是一个无能的海军指挥官》[⑥]等。这些文章均属于对加里波利战役的简单论述和介绍。林慧的《行走在历史与未来之间:对澳大利亚传统节日ANZAC的当代解读》,[⑦]研究了产生于加里波利战役的安萨克(Anzac)节对当代澳大利亚的影响,作者认为安萨克节和安萨克精神在澳大利亚有重要的地位,澳大利亚很多国内的历史学家、社会学家都认同产生安萨克精神的加里波利战役对于澳大利亚民族国家认同的形成具有重要意义,同时国内也有很多反对这一观点的声音,目前的安萨克精神已经超越了原来的军

[①] 张超:《加里波利战役回顾与启示》,《军事历史》,2016年第4期。
[②] 郭强、韩冰:《一战中的最大的登陆战——加里波利登陆》,《环球军事》,2004年第3期。
[③] 杜立平:《大登陆——20世纪最著名的六次重大登陆战役》,《军事历史》,1999年第5期。
[④] 张艳明、曹家伟:《奋战达达尼尔海峡——英国E级潜艇一战期间在马尔马拉海域的传奇经历》,《环球军事》,2004年第22期。
[⑤] 晓闻:《达达尼尔登陆作战的失败》,《知识就是力量》,2005年第4期。
[⑥] 马翱翔:《丘吉尔曾是一个无能的海军指挥官》,《当代海军》,2000年第S1期。
[⑦] 林慧:《行走在历史与未来之间:对澳大利亚传统节日ANZAC的当代解读》,《艺术评论》,2012年第12期。

事战争意义，成为当代澳大利亚民族精神的重要组成部分。丁启红的英文论文《从备受争议的士兵传奇看澳大利亚无可争议的民族特征》[1]从安萨克日和安萨克传奇的产生原因、重要性和它们在当代澳大利亚受到的挑战三方面对安萨克日和安萨克传奇进行研究，认为尽管安萨克日和安萨克传奇的地位在澳大利亚受到挑战，但是它们塑造的澳大利亚的民族特征无可争议。贾云凤在其硕士论文《澳新军团神话与澳大利亚的一战记忆》中对澳新军团神话在澳大利亚国内经历的兴衰和复兴历程进行了分析，认为澳新军团神话不是简单的一个民族神话，它折射了一战后澳大利亚的政治、社会、性别、种族、历史与记忆问题。它是澳大利亚历史上最重要的民族神话，深刻地塑造了澳大利亚民族的历史，并以一种相对轻松的方式建构了一个国家过去的战争经历，同时也为澳大利亚的现在与未来指引了方向。[2]这三篇文章对于研究加里波利战役的当代意义有较大的参考价值。

赵军秀在其论文《英国与1915年海峡协定》[3]中简单提到了与加里波利战役爆发的背景相关方面的知识。她认为，从18世纪末"东方问题"产生到1915年英法俄三国《海峡协定》正式签订，英国的海峡政策发生了重大变化，由遏制其他欧洲大国尤其是俄国在中近东地区的扩张变为同意按照俄国的意愿安排海峡问题，德国的统一和崛起是引起英国海峡政策变化的重要因素。这对于研究加里波利战役爆发的背景和原因很有帮助。王伟在其硕士论文《英国与〈赛克斯—皮克协定〉》[4]中论述了加里波利战役的战况对于阿拉伯民族大起义的影响，他认为，英国在加里波利战役爆发以前对于阿拉伯民族起义者的呼声反应冷淡，当英国在加里波利半岛和海峡作战遇到重大挫折和失败危险后，英国政府开始积极与阿拉伯起义者领袖接触，达成了《麦克马洪—侯赛因通信》中英国政府同意战后帮助阿拉伯人建立独立的阿拉

---

[1] Ding Qihong, "The Unchallenged National Identity in the Challenged Anzac Legend", *Overseas English*, Match 2013.
[2] 贾云凤：《澳新军团神话与澳大利亚的一战记忆》，华东师范大学硕士学位论文，2015年。
[3] 赵军秀：《英国与〈1915年海峡协定〉》，《史学月刊》，2004年第9期。
[4] 王伟：《英国与〈赛克斯—皮科协定〉》，首都师范大学硕士学位论文，2004年。

伯国家的条款。这直接刺激了阿拉伯民族大起义的爆发。他的另一篇论文《试析一战初期英国的中东政策——基于德邦森报告书的考察》[①]分析了该战役对第一次世界大战初期英国中东政策转变的影响。这对研究加里波利战役的影响和意义很有帮助。

目前国内还没有关于加里波利战役研究的专著。但有一些涉及该战役的著作，王文华、毛元佑的《世纪豪赌：20世纪著名战争/第一次世界大战》[②]和李岩、高明编的《第一次世界大战史画》[③]中对加里波利战役进行了记述。国内涉及加里波利战役的书籍还有阎京生和刘怡主编的《战争史研究（第23册）》[④]等书。涉及该战役最具代表性的研究著作当属赵军秀的《英国对土耳其海峡政策的演变（18世纪末至20世纪初）》。[⑤]在该书中，作者以英国海峡政策100多年的演变过程为研究线索，对东方问题进行了较为深入的探讨，她的研究成果对于研究加里波利战役的背景和影响有很好的参考价值。此外还有王三义的《晚期奥斯曼帝国史（1792—1918）》、[⑥]王铁铮和黄民兴等著的《中东史》[⑦]等著作。

有关加里波利战役的书籍还有很多是翻译外国学者的著作。译著中最具代表性的属刘立翻译的前英国首相、著名政治家和文学家温斯顿·丘吉尔（Winston Leonard Spencer Churchill）的著作《第一次世界大战回忆录（第二卷）》[⑧]一书，丘吉尔时任英国海军部大臣，是加里波利战役作战方案的重要策划者和加里波利战役发起的重要决策者。在该书中，丘吉尔在相关部分从加里波利战役作战方案产生的原因、

---

① 王伟：《试析"一战"初期英国的中东政策——基于〈德邦森报告书〉的考察》，《北京理工大学学报》（社会科学版），2003年第6期。
② 王文华、毛元佑：《世纪豪赌：20世纪著名战争/第一次世界大战》，北京：军事科学出版社，2001年版。
③ 李岩、高明编：《第一次世界大战史画》，北京：蓝天出版社，2005年版。
④ 阎京生、刘怡主编：《战争史研究》，呼和浩特：内蒙古人民出版社，2008年版。
⑤ 赵军秀：《英国对土耳其海峡政策的演变（18世纪末至20世纪初）》，北京：中国社会科学出版社，2007年版。
⑥ 王三义：《晚期奥斯曼帝国史（1792—1918）》，北京：中国社会科学出版社，2015年版。
⑦ 彭树智主编，王铁铮、黄民兴和邵丽英等著：《中东史》，北京：人民出版社，2010年版。
⑧ ［英］温斯顿·丘吉尔著：《第一次世界大战回忆录》第2卷，刘立译，海口：南方出版社，2008年版。

产生过程、加里波利战役的作战过程和加里波利战役失败的原因及其严重后果等几个维度对加里波利战役进行了分析，站在第一次世界大战的宽广视野对加里波利战役进行了透视，他认为从改变第一次世界大战初期战局的战略全局角度看发动加里波利战役的决策很重要，但是这一点在英国战争决策层和盟友法国战争决策层中并没有得到很好的响应，英国战争决策层自身的原因造成加里波利战役最终失败，给英国的一战作战进程造成了不良的影响，同时严重影响了欧洲政治格局的变迁。丘吉尔的特殊身份使他能够接触到英国国内的一手档案资料，其著作有很高的参考价值。姚志宏翻译的由美国学者西恩·麦克米金（Sean McMeekin）的著作《奥斯曼帝国的终结：战争、革命以及现代中东的诞生，1908—1923》[①]中的相关部分对该战役的过程进行了分析；何卫宁翻译的美国学者梅尔（G. J. Meyer）的《一战秘史：鲜为人知的1914—1918》[②]一书对加里波利战役的前因、过程和后果进行了简要的论述，为研究加里波利战役提供了必要的线索。中国学者翻译的外国相关著作还有，李雯和刘慧娟翻译的英国学者伯纳德·爱尔兰（Bernard Ireland）的著作《1914—1945年的海上战争》、[③]林光余翻译的英国学者李德·哈特（B. H. Liddell Hart）的著作《第一次世界大战战史》、[④]钮先钟翻译的英国学者J. F. C. 富勒（J. F. C. Fuller）的《西洋世界军事史（卷三）》、[⑤]何卫宁翻译的英国学者彼得·哈特（Peter Hart）的《世界大战1914—1918：一战中的关键战役和重要战场》、[⑥]傅景川和李军等学者翻译的美国学者杰弗里·帕克（Geoffrey Parker）

[①] [美]西恩·麦克米金著：《奥斯曼帝国的终结：战争、革命以及现代中东的诞生，1908—1923》，姚志宏译，北京：中信出版集团，2018年版。
[②] [美]梅尔著：《一战秘史：鲜为人知的1914—1918》，何卫宁译，北京：新华出版社，2011年版。
[③] [英]伯纳德·爱尔兰著：《1914—1945年的海上战争》，李雯、刘慧娟译，上海：上海人民出版社，2005年版。
[④] [英]李德·哈特著：《第一次世界大战战史》，林光余译，上海：上海人民出版社，2010年版。
[⑤] [英]J. F. C. 富勒著：《西洋世界军事史（卷三）》，钮先钟译，桂林：广西师范大学出版社，2012年版。
[⑥] [英]彼得·哈特著：《世界大战1914—1918：一战中的关键战役和重要战场》，何卫宁译，北京：新华出版社，2014年版。

等著的《剑桥插图战争史》、[①]张晓晔和李路洋等翻译的英国学者H. P. 威尔默特（H. P. Willmott）著的《第一次世界大战全纪录》、[②]王阳阳翻译的英国学者尤金·罗根（Eugene Rogan）的《奥斯曼帝国的衰亡：一战中东，1914—1920》、[③]刘昌鑫翻译的英国学者诺曼·斯通（Norman Stone）的著作《土耳其简史》、[④]吴奇俊和刘春燕翻译的土耳其学者悉纳·阿克辛（Sina Aksin）的著作《土耳其的崛起（1789年至今）》、[⑤]张质文翻译的英国学者约翰·基根著的《一战史》[⑥]和马丁·吉尔伯特的《20世纪世界史》第一卷（上）[⑦]等著作中也对加里波利战役的过程进行了简单介绍。

（二）国外研究动态

国外学者对于加里波利战役的研究开始得早并且深入，有大量的书籍和专业论文涌现。国外学者关于加里波利战役的研究主要有以下几个方面：

第一部分：参战国官方和参与者的研究。

关于加里波利战役的著作方面：奥格兰德（C. F. Aspinall-Oglander）编写的《英国官方史》[⑧]是英国方面关于加里波利战役的官方文献，反映了英国政府对该战役的看法；英法军队的总司令汉密尔顿

[①] ［美］杰弗里·帕克等著：《剑桥插图战争史》，傅景川、李军、李安琴译，济南：山东画报出版社，2004年版。

[②] ［英］H. P.威尔默特著：《第一次世界大战全纪录》，张晓晔、李路洋译，广州：新世纪出版社，2014年版。

[③] ［英］尤金·罗根著：《奥斯曼帝国的衰亡：一战中东，1914—1920》，王阳阳译，桂林：广西师范大学出版社，2017年版。

[④] ［英］诺曼·斯通著：《土耳其简史》，刘昌鑫译，哈全安审校，北京：中信出版集团，2017年版。

[⑤] ［土耳其］悉纳·阿克辛著：《土耳其的崛起（1789年至今）》，吴奇俊、刘春燕译，刘义校，北京：社会科学文献出版社，2017年版。

[⑥] ［英］约翰·基根著：《一战史》，张质文译，北京：北京大学出版社，2014年版。

[⑦] ［英］马丁·吉尔伯特著：《20世纪世界史》第一卷（上），中国社会科学院世界历史研究所译，西安：陕西师范大学出版社，2001年版。

[⑧] C. F. Aspinall-Oglander, *The British Official History: Military Operations, Gallipoli*, London, 1929, http://www.greatwar.co.uk/research/books/british-official-history-volumes.htm.

（General Sir Ian Hamilton）的《加里波利日记》①也比较重要，反映了英法一方决策层的观点。澳大利亚官方历史学家比恩（C. E. W. Bean）在《澳大利亚官方战争史，1914—1918》②一书中站在澳大利亚政府的立场对加里波利战役进行了解读；桑德斯（Liman von Sanders）的《在土耳其的五年》③站在德国人的视角对加里波利战役进行了解读，桑德斯在加里波利战役期间担任奥斯曼帝国军队总指挥，该著作学术价值较高。亨利·摩根索（Henry Morgenthau）的著作《大使摩根索的故事》④具有较高的史料价值。摩根索时任美国驻奥斯曼帝国大使，以其独特的经历和见闻为研究加里波利战役提供了全新的视角。以上著作都是研究加里波利战役的一手资料，学术价值高，对研究加里波利战役是非常必要的。

第二部分：各国学术界关于加里波利战役的研究。

加里波利战役在西方学术界引起的反响很大，关于加里波利战役的研究不同的学者有不同的观点，他们之间的观点有相同的一面，更多的是矛盾和争议的一面。从加里波利战役结束至今100余年的时间里，多国学术界对加里波利战役进行了研究，比较有代表性的是英国、澳大利亚、土耳其、德国、法国和美国的学者，各国关于加里波利战役的研究包括以下几个方面：

第一，针对加里波利战役本身的研究。著作方面，霍桑恩怀特（Philip J. Haithornthwaite）的《加里波利1915》⑤从加里波利战役的背景与起因、双方兵力与指挥官对比和战争进展几方面进行了叙述，展示了战役的全貌；彼得·哈特的著作《加里波利》⑥站在批判协约国的立场对加里波利战役的过程进行了研究；约翰·梅斯菲尔德（John

---

① General Sir Ian Hamilton, *Gallipoli Diary*, London: Dodo Press, 1920.

② C. E. W. Bean, *Official History of Australia in the War of 1914-1918*, Sydney: Angus & Robertson Ltd., 1941.

③ Liman von Sanders, *Five Years in Turkey*, East Sussex: The Naval & Military Press, 2012.

④ Henry Morgenthau, *Ambassador Morgenthau's Story*, New York: Doubleday Page & Company, 1918.

⑤ Philip J. Haithornthwaite, *Gallipoli 1915-Frontal Assault on Turkey*, London: Osprey, 1991.

⑥ Pert Hart, *Gallipoli*, London: Profole Books Ltd., 2011.

Masefield）的著作《加里波利》[1] 以文学化的手笔讴歌了协约国军队在加里波利战役中的战斗和献身精神；大卫·尼古乐（David Nicolle Phd.）在《1914至1918年的奥斯曼帝国军队》[2] 一书介绍了奥斯曼帝国军队在1914年到1918年的表现，对于奥斯曼军队在加里波利战役的表现进行了一定的论述；凯文·福斯特（Kevin Fewster）和赛奇·巴根（Vecihi Basarin）等的著作《加里波利：土耳其人的故事》[3] 研究了奥斯曼帝国士兵在加里波利战役中发生的故事和经历；阿什利·艾因克斯（Ashley Ekins）的著作《加里波利：远方的山脊》[4] 在充分参考英国、德国和土耳其学者的基础上得出了综合性的结论；布莱恩·库伯（Bryan Cooper）的《爱尔兰师在加里波利》[5] 对加里波利战役中英军爱尔兰师的战时表现进行了深入分析。关于加里波利战役的研究还有阿兰·莫瑞德（Alan Moorehead）的《加里波利》、[6] 詹尼·麦瑞德（Jenny Macleod）的《反思加里波利》、[7] 爱德华·J.艾因克森（Edward J. Erickson）的《加里波利：奥斯曼人的战役》、[8] 约翰·拉芬（John Laffin）的《该死的达达尼尔》。[9] 此类的著作太多，在此不一一列举。

论文方面，爱德华·J.艾因克森在《强对弱：奥斯曼军队在1915年加里波利战役中的作战绩效》[10] 一文中研究了奥斯曼帝国军队在加里波利战役中的作战绩效；克拉伦斯·D.韦赛尔（Clarence D. Vesely）在其博士论文《加里波利 1915》[11] 中对加里波利战役进行了全面的论述；伊盖尔·谢菲（Yigal Sheffy）的《加里波利战役的化学武器战视角：

---

[1] John Masefield, *Gallipoli*, London: William Heinemann Ltd., 1916.

[2] David Nicolle Phd, *The Ottoman Army 1914-1918*, London: Osprey, 1994.

[3] Kevin Fewster, Vecihi Basarin, Hatice Basarin, *Gallipoli: The Turkish Story*, New South Wales: Allen & Unwin, 2003.

[4] Ashley Ekins, *Gallipoli: A Ridge Too Far*, United States & Canada: Read How You Want, 2013.

[5] Bryan Cooper, *The Tenth (Irish) Division in Gallipoli*, Bristol: The Burlrich Press, 1917.

[6] Alan Moorehead, *Gallipoli*, Hertfordshire: Wordsworth, 1997.

[7] Jenny Macleod, *Reconsidering Gallipoli*, Manchester: Manchester University Press, 2004.

[8] Edward J. Erickson, *Gallipoli: The Ottoman Campaign*, Pen & Sword Military, 2007.

[9] John Laffin, *Damn the Dardanelles*, London: Osprey, 1980.

[10] Edward J. Erickson, "Strength Against Weakness: Ottoman Military Effectiveness at Gallipoli, 1915", *The Journal of Military History*, Vol. 65, No. 4, Oct 2001, pp. 981-1012.

[11] Clarence D. Vesely. "Gallipoli 1915", California State University, Doctoral Thesis, 1997.

介绍中东的化学武器战》①研究了加里波利战役中的化学武器作战。彼得·多伊尔（Bennett Doyle）和马修·R. 班纳特（Matthew R. Bennett）的《军事地理：地形对1915年加里波利战役的影响》②一文重点研究了地理因素对加里波利战役结局的影响；马休·休斯（Matthew Hughes）《加里波利战役中的法国军队》③一文为我们论述了法国军队在加里波利战役中的表现。

第二，关于加里波利战役中澳新军团和澳新军团精神的研究。书籍方面，戴维森（Leon Davidson）的著作《令人敬畏的军队：加里波利战役中的澳新军团》④一书中叙述了澳新军团在加里波利战役中的作战表现。大卫·卡梅伦（David Cameron）在《加里波利》⑤一书中叙述了澳大利亚士兵的作战经历。格里·亨特钦森（Garrie Hutchinson）的《加里波利：朝圣旅游指导手册》⑥一书中反映了当代澳大利亚人赴加里波利半岛战争遗址旅游的客观需要和澳大利亚人对安萨克精神的追忆。迈克尔·贝尔纳·泰昆（Michael Bernard Tyquin）和迈克·泰昆（Mike Tyquin）的《加里波利：澳大利亚人的医疗视角》⑦讲述了澳军在加里波利战役中的医疗服务情况。

论文方面，阿利斯特·汤姆森（Alistair Thomson）的《历史和背叛：澳新军团引起的争论》⑧研究了澳大利亚社会对于澳新军团的作用和意义的长期争论；纳旦·怀斯（Nathan Wise）的文章《挖、挖、挖，直

---

① Yigal Sheffy, "The Chemical Dimension of the Gallipoli Campaign: Introducing Chemical Warfare to the Middle East", *War in History*, Vol. 12, No. 3, 2005.

② Bennett Doyle and Matthew R. Bennett , "Military Geography: The Influence of Terrain in the Outcome of the Gallipoli Campaign", *The Geographical Journal*, Vol. 165, No. 1, March 1999, pp.12-36.

③ Matthew Hughes, "The French Army at Gallipoli", *The RUSI Journal*, Vol. 150, No. 3, Jun 2005, pp. 64-67.

④ Leon Davidson, *Scarecrow Army: The Anzac at Gallipoli*, United States & Canada: Read How You Want, 2005.

⑤ David Cameron, *Gallipoli*, New South Wales: Big Sky Publishing, 2011.

⑥ Garrie Hutchinson, *Gallipoli: The Pilgrimage Guide*, Australia: Black Inc., 2007.

⑦ Michael Bernard Tyquin, Mike Tyquin, *Gallipoli: An Australian Medical Perspective*, New South Wales: Big Sky Publishing, 2012.

⑧ Alistair Thomson, "History and Betrayal: The Anzac Controversy", *History Today*, Vol. 43, No. 1, Jan 1993, p. 8.

到你安全为止：加里波利战役中澳军修战壕》[1]一文研究了澳新军团在战役期间战壕战的表现；彼得·奥芬贝格（Peter H. Hoffenberg）的论文《场景、记忆和澳大利亚的1915年到1918年战争经历》[2]研究了加里波利战役对于澳大利亚民族精神形成的影响。对于土耳其、法国和德国学者的研究成果受语言限制不能直接参阅，笔者只能对其被翻译成英文的成果进行分析和归纳。

综上所述，目前国内学术界对加里波利战役的研究处于起步阶段，尚未出现对加里波利战役的系统研究成果。国外学术界对于加里波利战役的研究和解读虽然很丰富，但是多从某一侧面去研究加里波利战役，或者以文学化的手法记述刻画加里波利战役，例如：在研究加里波利战役的背景时，往往简单带过，没有站在国际关系演变的大历史背景下去审视；在对加里波利战役过程的研究时往往站在一方的立场进行论述，缺乏客观和全局的视野；在分析加里波利战役的影响时缺乏从政治、军事和文化意义等方面进行全方位的解读。笔者将在学习和借鉴国内外学界研究成果的基础上，对加里波利战役进行专门研究。

三、写作思路和方法理论

（一）本书的写作思路

本书首先从历史学和军事学的角度出发对加里波利战役本身进行系统研究，主要从加里波利战役的爆发背景、原因、过程、作战方表现和结局等方面进行分析和研究，探究奥斯曼帝国胜利、英法两国失败的原因，总结加里波利战役产生的重要历史影响，最后尝试利用文明交往论对加里波利战役产生的影响进行洞察。

---

[1] Nathan Wise, "Dig, Dig, Dig, Until You are Safe: Constructing the Australian Trenches on Gallipoli", *First World War Studies*, Vol. 3, No. 1, March 2012, pp. 51-64.

[2] Peter H. Hoffenberg, "Landscape, Memory and the Australian War Experience, 1915-1918", *Journal of Contemporary History*, Vol. 36, No. 1, 2001.

（二）研究使用的方法和理论

在研究方法上，本书坚持以马克思主义唯物史观为指导，以历史学的研究方法为主，同时注意吸收和借鉴其他学科的研究方法和理论，在研究中综合运用历史学、军事学、地缘政治学和国际关系学等多学科领域的研究方法，对加里波利战役进行全面研究。运用历史分析法，在历史的发展进程中去考察加里波利战役。运用文献分析法，广泛收集国内外关于加里波利战役的研究成果，并对所收集的成果进行加工和消化，尽可能地保证资料来源的全面性和典型性，通过对这些文献资料的使用，充实本文的研究成果。

在理论上，使用军事战争理论和国际关系理论对加里波利战役本身进行分析，然后尝试使用文明交往理论对加里波利战役的地位、作用和影响进行升华。

著名历史学家彭树智先生在长期的科研和教学实践中，提出了在国内学术界产生重大影响的"文明交往论"，其与马克垚先生提出的文明交往史观与吴于廑先生和齐世荣先生的整体史观、罗荣渠先生和钱乘旦先生的现代化史观的现代化史观并称为影响当代中国的三大世界史观。"整体史观、现代化研究和文明交往研究是我国新时期世界史研究的三大历史视野，也是中国学者为建构世界史研究中国学派具有代表性的研究成果"。[①] 彭树智先生在其著作《文明交往论》一书中认为，"战争这种交往方式直接或间接地引发人类社会的变化，促进科学技术和人的智力的飞速进步。战争这种形式的历史交往对于促进技术的进步起着关键的作用。战争本身是一种经常的交往形式。作为历史交往形式的战争，是伴随着人类社会俱来的暴力交往活动"。[②] 在彭先生看来，和平与暴力是两种基本的交往形式，政治交往、商贸交往、军事交往、文化交往、民族迁徙，都是人类文明交往的不同表现形态。[③] 暴力交往形式和和平的交往形式共同推动着人类文明的进程，人类文明

[①] 王泰：《中国世界史学科体系的三大学术理路及其探索》，《史学理论研究》，2006年第2期。
[②] 彭树智：《文明交往论》，西安：陕西人民出版社，2002年版，第548—549页。
[③] 同上，第523页。

之间的交往终究趋向文明化。目前国内学术界还缺乏结合具体的战争案例去研究暴力交往形式的意义。此种研究对于深化对文明交往论的认识和理解是必要的。本书的选题是对这方面研究的初步尝试，在研究中先对加里波利战役进行较为系统的研究，然后尝试运用文明交往的相关理论去阐释加里波利战役的意义和影响。

四、研究特色、创新点和研究内容

本书的研究特色和创新点主要体现在以下四个方面：

第一，选题新颖。目前国内学术界对第一次世界大战中东战场关注较少，一战中东战场是第一次世界大战的重要组成部分。中东战场与其它战场之间存在着很大的关联，中东战场的走势对战后中东地区的政治格局变迁起到了很大的作用。著名英国中东问题研究专家尤金·罗根认为正是奥斯曼帝国参战才使第一次世界大战由欧洲人之间的战争真正演变成世界大战。他还认为，和远东与东非地区的小范围冲突不同，中东地区一直是一战的主战场之一，在此地作战的军队也最国际化。[①] 本书选取一战中东战场最著名的加里波利战役作为研究对象，有很强的针对性和代表性。

第二，借助研究加里波利战役深化对影响近代国际关系变迁的"东方问题"的认识和理解。一战时期是东方问题演进的重要阶段，在加里波利战役前后，东方问题呈现出不同的鲜明特点。本书拟以加里波利战役为个案进行研究，深化中国学界对东方问题的研究。

第三，研究材料丰富。本文在选择研究材料时，尽可能地获取有代表性的原始文献。本文参考了加里波利战役参战国官方的战争史料，如《英国一战官方战史》《澳大利亚官方战史》等文献，对加里波利战役双方指挥官和决策者的回忆录和著作，如英国指挥官汉密尔顿的《加里波利战役日记》、时任英国海军部大臣丘吉尔的《一战回忆录》和奥

[①] [英]尤金·罗根著：《奥斯曼帝国的衰亡：一战中东，1914—1920》，王阳阳译，桂林：广西师范大学出版社，2017年版，第viii页。

斯曼帝国军队的德国指挥官桑德斯的《在土耳其的五年》进行了较为详细的研究。时任美国驻奥斯曼帝国大使的亨利·摩根索的回忆录《大使摩根索的故事》也是本文参考的重要文献。本书还参阅了相关国家的外交档案资料。除此之外，本书还参考了外国学者的大量书籍和论文成果，以提高本书研究的客观性和深度。

第四，尝试结合具体的案例用文明交往论去阐释以战争为代表的暴力交往形式在人类社会历史进程中发挥的作用。目前国内学术界对于文明交往论的学习和研究侧重于从和平交往形式的交往探讨文明交往对于社会历史进程的作用，对于暴力交往形式的作用的研究还很缺乏，本书研究试图进行这方面的尝试。

本书的内容由绪论、正文和结论三部分构成。

绪论部分主要阐明本文选题的背景和意义；对国内外的研究现状进行分析和概述；阐明文章的研究思路、研究方法和主要创新之处。

本书的正文部分包括六章内容：

第一章阐述加里波利战役的概念。首先从军事学的角度对"战役"一词的概念进行界定，然后从"战役"与"会战"，"战争"和"战斗"等词的区别出发比较理解"战役"一词的内涵，结合加里波利战役的具体特征对加里波利战役的概念进行界定，并就与加里波利战役相关的一些名词进行界定。

第二章分析加里波利战役爆发的背景和原因。本章从东方问题的产生和发展角度对加里波利战役爆发的背景进行了长时段的洞察，认为加里波利战役的爆发是大国围绕东方问题的博弈进入到新时期的产物；然后从一战前后奥斯曼帝国的对外政策转变和一战战局的进程角度对加里波利战役爆发的背景进行更具体的探析；最后从协约国集团三国的军事动机、政治动机和利益诉求等方面来分析加里波利战役爆发的原因。

第三章研究加里波利战役的进程。首先对英国加里波利战役作战方案的制订、加里波利半岛和达达尼尔海峡的地理环境、作战双方对战役的态度和准备、双方的兵力对比四方面进行了分析，为分析加里波利战役的进程做好铺垫；然后分英法军队海上突破和联合登陆作战两个阶段对加里波利战役的进程进行全面的研究；接着对加里波利战役中出现的新的作战形式进行分析；最后，对加里波利战役的结局进行分析。

第四章分析奥斯曼帝国在加里波利战役中获胜的原因。本章从战争的准备工作、地形条件、指挥官的素质、情报工作、士兵的战术素养和作战方内部凝聚力六个方面去分析奥斯曼帝国获胜的原因。

第五章研究加里波利战役产生的影响。本章分加里波利战役对作战双方、中立国和一战的影响、对阿拉伯民族起义和中东战场的影响、加里波利战役在世界军事发展史中的地位四部分对加里波利战役的影响进行分析。

第六章分析加里波利战役的遗产对当代澳大利亚国家和民族身份认同的影响和对土耳其共和国的影响。

结论部分涵盖两点内容。第一，从文明交往的视野来审视加里波利战役；第二，提出笔者关于加里波利战役研究的四点思考：一战期间的中东战争对于影响中东战后历史进程的军人阶层的塑造；关于奥斯曼帝国和德国关系的理解；全球化视野下的传统文化回归遐思；对当前国内学术界有关第一次世界大战中东战场的研究给出自己的看法。

第1章

加里波利战役的概念解读

在了解加里波利战役之前，有必要对加里波利战役的相关概念进行理论方面的阐释。在本章中，笔者首先从军事学理论的角度解读加里波利战役，结合国内外学界关于加里波利战役概念的界定，并对与加里波利战役相关的概念和名词进行阐释。

第一节 战役的概念

一、战役的定义

战役是战争的一个局部，直接服务和受制于战争全局，也不同程度地影响战争全局。现代战役通常是诸军种、兵种共同进行来完成。战役是军队为达到战争的局部目的或带全局性的目的，根据战略赋予的任务，在战争的一个区域或方向，于一定时间内按照一个总的作战企图和计划，进行的一系列战斗的总和。战役是介于战争与战斗之间的作战行动。战役是军队为达到战争的局部或全局性目的，按一个总的作战企图，在统一指挥下实施的。

按照作战的目的和性质，战役可以分为进攻战役和防御战役。按参战的军种来划分,战役包括有陆、海、空等军种的独立战役和有陆海、陆空、海空及陆海空等几个军种的联合战役。按作战行动空间来划分,战役包括陆战、海战和空战等。在新的科技条件和背景之下,战役的内涵也发生了深刻的变化,如作战行动空间变得更加广阔,外空、磁场等空间也成为作战的行动空间。按作战规模,战役有大型战役、中型战役和小型战役之分。一次大型战役通常包括几个中小型战役。

二、战役与会战、战斗、战争的区别

会战指战争双方主力或战区主力间的作战,也指战争双方主力的决战。会战一词含义随着战争实践和军事学术的发展而有所变化。中国古代兵书关于会战的论述最早见于《孙子·虚实篇》中"故知战之地,知战之日,则可千里而会战"的论述。[①]那时会战系指在预期的时间、地点同敌军相会并交战。此后,会战也指会聚己方军队同敌军进行规模较大的作战行动,或者指敌对双方主力在一定地区和时间内进行的决战。《战国策·韩策》记载:"山东之卒,被甲冒胄以会战,秦人捐甲徒裼以趋敌。"[②]《史记·项羽本纪》记载:"汉之二年冬,项羽遂北至城阳,田荣亦将兵会战。"[③]

世界各国对会战的解释不尽相同。苏联认为会战是指交战双方重兵集团在极重要的方向或战区为获得战争(战局)的战略性胜利而同时或先后所实施的一系列进攻战役和防御战役。美国认为会战是指两军具有相当规模的武装力量之间的一次冲突。

战斗是指敌对双方兵团、部队、分队进行的有组织的武装冲突。战斗的基本类型是进攻和防御。根据战斗展开的空间、地形、气候条

[①] [春秋]孙武著,乙力编译:《孙子兵法》,西安:三秦出版社,2008年版,第55页。
[②] 杨志才:《纵横捭阖 雄辩滔滔——从《战国策》看苏秦、张仪的辩术》,《外交学院学报》,1992年第1期,第87页。
[③] 许嘉璐主编,安秋平分史主编:《二十四史全译.史记.第1册》,上海:汉语大词典出版社,2004年版,第113页。

件以及参加战斗的军种、兵种的不同，有地面战斗、海上战斗和空中战斗；有一般地形、气象条件下的战斗和特殊地形、气象条件下的战斗；有昼间战斗和夜间战斗；有单一兵种战斗和诸军种的协同战斗。战斗也可以分为近距离战斗和远程战斗。战斗的目的是歼灭或击溃敌人，攻占或扼守地区和目标。战斗从属于战役，但战斗又有其独立性，依据情况和需要，可独立进行。战斗的理论和实践属于战术范畴。

战争是一种集体和组织互相使用暴力的行为，是敌对双方为了达到一定的政治、经济、领土的完整性等目的而进行的武装战斗。由于触发战争的往往是政治家而非军人，因此战争亦被视为政治和外交的极端手段。战争是政治集团之间、民族（部落）之间、国家（联盟）之间的矛盾最高的斗争表现形式，是解决纠纷的一种最高、最暴力的手段，通常也是最快捷最有效果的解决办法，也可以解释为使用暴力手段对秩序的破坏与维护、崩溃与重建。

自人类出现以来，战争就一直没有停止过。战争和文明始终交错，既对人类文明的发展和进步起着催化和促进作用，又时刻威胁着人类自身的生存。战争伴随社会的革命，带来新的格局。古代各个部落之间的战争，促进了民族的融合和国家的形成，也是民族大迁徙直接原因；国家内部不同民族之间的战争，促成民族的独立和新生国家的诞生；国家内部政治集团之间的战争，促成政权的更迭。由于宗教信仰而发生宗教战争也是常见的历史现象。战争的特征鲜明地表现为四个方面，一是残酷性，双方以一切可用的暴力手段攻击另外一方；二是毁灭性，对抗的时候以一方消灭另外一方为代价；三是目的性，直至对方屈服、达到目的；四是持久性，常规战争持续时间长达几年或者数十年，现代的高科技战争持续数月到几年。任何战争都经过了策划和准备。

战争是有超过一个的团体或组织，由于共同关心的权利或利益问题，在正常的非暴力手段不能够达成和解或平衡的状况下，而展开的具有一定规模的初期以暴力活动为开端，以一方或几方的主动或被动丧失暴力能力为结束标志的活动，在这一活动中精神活动以及物质的消耗或生产共同存在。任何战争都是为了达到既定目的而进行的，具体表现为战争的军事目的、政治目的和经济目的。一般情况下，战争的一方达到预定目的后战争即终止；特殊情况下，也可能任何一方都达不成战争的目的，通过妥协停止战争。

战争目的制约战争规模、时间、投入战争的力量和结局。战争双方为了实现各自的目的，往往投入尽可能多的兵力兵器，力求在战争过程中转换力量对比，战争规模就可能扩大；如果战争一方迅速达成战争目的，战争时间就缩短。战争目的是主观的，但它必须建立在客观物质条件的基础之上。达成战争目的与政治、经济、军事力量、地理条件、国际环境、指挥员的素质等因素密切相关，主观指导必须符合客观实际。战争可分为正义战争和非正义战争。基于自卫、保卫和平、保卫国家主权和领土完整、为了自由和尊严进行的战争，是正义战争。侵略战争、征服战争、出自压迫掠夺目的的战争，是非正义战争。[1] 战争还可分为传统战争和现代战争；局部战争和世界战争等多种类型。

综上所述，战役与会战之间有一定的相关性，在很多情况下可以互换。战役是战争的一个局部，会对全局产生一定的影响，典型的如解放战争期间的三大战役。从1948年9月到1949年1月，中国人民解放军同国民党军队进行了辽沈、淮海、平津大战役。三大战役历时142天，共争取起义、投诚、接受和平改编与歼灭国民党正规军144个师，非正规军29个师，合计共154万余人。国民党赖以维持其反动统治的主要军事力量基本上被消灭。三大战役的胜利，奠定了人民解放战争在全国胜利的基础。又如苏联卫国战争期间的斯大林格勒战役，斯大林格勒战役是第二次世界大战中纳粹德国对争夺苏联南部城市斯大林格勒而进行的战役，时间自1942年6月28日至1943年2月2日为止。斯大林格勒战役是第二次世界大战东部战线的转折点，苏联开始逐步掌握战略主动权。单从伤亡数字来看，该战役也是近代历史上最为血腥的战役，参与该场战役的人数也比历史上的其他战役都来的多。斯大林格勒战役是法西斯德国遭受的最严重失败，不仅终结了德国南方

---

[1] 林志明：《战斗战役战争之辨析》，《党史纵横》，1993年第3期，第31页。

集团军群自1941年以来保持的攻势局面，而且直接造成了苏联与德国总体力量对比的根本变化。苏军的胜利成为卫国战争的重要转折点。从世界范围看，斯大林格勒战役与同时期发生的瓜达尔卡纳尔岛战役一起，构成了1942年底反法西斯战争大转折的标志性事件。而会战指双方主力之间的决战，典型的如拿破仑战争期间的"三皇会战"和苏联卫国战争期间的库尔斯克会战。三皇会战即奥斯特里茨战役，1805年12月2日，因参战方为法国皇帝拿破仑·波拿巴，俄国沙皇亚历山大一世，奥地利皇帝弗朗西斯二世，所以又称"三皇之战"，它是世界战争中的一场著名战役。73000人的法国军队在拿破仑的指挥下，在奥斯特里茨村（位于今捷克境内）取得了对86000俄罗斯奥地利联军的决定性胜利。第三次反法同盟随之瓦解，奥地利皇帝也被迫取消神圣罗马帝国皇帝的封号。库尔斯克会战（Battle of Kursk）是第二次世界大战期间苏德战场的决定性战役之一，双方共投入超过268万名士兵和6044辆坦克，空军参战飞机超过了2000架，是史上规模最大的坦克会战和单日空战。库尔斯克会战也是德军最后一次对苏联发动的战略性大规模进攻，企图重夺战略主动权，但由于苏军事先已得知德军要进攻的情报并已做好建立三道防线的严密防御和驻守数量极为庞大的兵力，德军进攻步调缓慢且伤亡惨重，最后因为德国抽调兵力救助盟友意大利而被迫中止进攻。库尔斯克会战是苏德战争的分水岭，战役之前德军还有一定程度上的部分战略主动权，能够自主选择发动进攻战役和进攻方向；战役之后，德军完全丧失了战略主动权，苏联红军从这里开始了收复国土的大规模的全面进攻。中国解放战争期间的三大战役是人民解放军和国民党军队进行的三次战略决战，因此，也属于"会战"的范畴。会战持续时间较短、规模较大，而战役的时间长短不一，战役规模不定。会战属于规模大的战役的范畴。战役、战争和战斗的区别在于战役是战争的一部分，在战役过程中运用很多的战斗。斯大林格勒战役是苏联卫国战争的重要组成部分，在斯大林格勒战役中苏联红军和德军进行了无数次的战斗。在传统战争中，战役、战斗是实现战争目的的手段和途径。一场战争往往要包含数次、数十次以至上百次大大小小的战役，每个战役中又包含数量众多的战斗行动。

在相互作用上，战役、战斗都只为实现战争目的创造一定条件，而不是直接决定着战争的胜负结局。战争双方必须先通过一系列战斗成果的积累实现战役的胜利，再通过一系列战役成果的积累方能达成战争目的。[①]

从以上关于战役的定义以及战役与会战、战斗和战争的区别来看，加里波利战役完全符合战役的范畴。会战的特点是持续时间短、作战规模大。加里波利战役前后持续将近一年，因此不符合会战的范畴。战役是战争的一个局部，直接服务和受制于战争全局，也不同程度地影响战争全局。加里波利战役是第一次世界大战的重要组成部分，其结局会对一战的进程产生很大的影响。战斗是指敌对双方兵团、部队、分队进行的有组织的武装冲突。在加里波利战役中包含很多大小战斗。

第二节　加里波利战役的相关概念辨析

一、国内外学界关于加里波利战役的定义

目前国外学术界关于加里波利战役的命名和定义可以说是众说纷纭。英国和法国学者在给这场战争下定义时，往往从自身海军进攻达达尼尔海峡和在加里波利半岛登陆作战的角度出发将该战役命名为"达达尼尔战役"或"加里波利战役"；澳大利亚和新西兰学者从本国军队在加里波利半岛的安扎克湾登陆的角度出发也将该战役命名为"加里波利战役"；土耳其方面从本国1915年3月18日在恰纳卡莱海峡[②]打退强大的英法舰队的海上攻势这一角度出发将该战役命名为"恰纳卡莱（Çanakkale）战役"[③]。此外，英国著名军事理论家J. F. C. 富勒在其著

[①] 张羽、刘四海：《浅析战争、战役、战斗关系的发展变化》，《中国国防报》，2011年11月13日，第003版。

[②] 土耳其国内称"达达尼尔海峡"为"恰纳卡莱海峡"。

[③] Kevin Fewster, Vecihi Basarin, Hatice Basarin, *Gallipoli: The Turkish Story*, New South Wales: Allen & Unwin, 2003.

作《西洋世界军事史（卷三）》中将加里波利战役命名为"沙里拜尔与苏弗拉湾会战"[①]。国内学术界关于加里波利战役的命名和定义比较有代表性的有"1915年海峡保卫战"和"加里波利登陆战"，此种提法见西北大学教授彭树智先生的《东方民族主义思潮》[②]和《中东史》[③]两书。

国内外学术界对于此次战役所下的定义和概念不同，本书选择采用"加里波利战役"这一概念。这是由于"加里波利战役"已经成为国际学界广泛使用的概念，使用此概念更方便读者的理解和与其他学者之间的交流。

笔者给加里波利战役下的定义是：从1915年2月18日到1916年1月8日，协约国集团中的英法两国为了打通土耳其海峡，迫使奥斯曼帝国退出战争，并援助俄国在东线与德国的作战，而与同盟国集团的奥斯曼帝国和德国在奥斯曼帝国境内的加里波利半岛及其附近的爱琴海和土耳其海峡海域进行了一场战役。

二、关于加里波利战役相关概念的阐释

国内外学界关于奥斯曼帝国的称谓有多种说法，如奥斯曼帝国（Ottoman Empire）、奥斯曼土耳其（Ottoman Turkey）、土耳其帝国（Turkey Empire）、土耳其（Turkey）和鄂图曼。特别是西方国家长期使用土耳其称呼奥斯曼帝国，称奥斯曼帝国民众为土耳其人。但是奥斯曼帝国皇族和上层人士称自己为"奥斯曼人"，"土耳其人"是对安纳托利亚地区说不同突厥语方言的下层农民的称谓。而在与奥斯曼帝国交往和互动的过程中，欧洲人称奥斯曼帝国为土耳其，将奥斯曼帝国国民称为"土耳其人"，这个"土耳其人"的称谓不是土耳其民族的含义，而是指奥斯曼帝国境内的所有穆斯林群体，包括阿拉伯人、库尔德人、阿尔巴尼亚人和突厥人的后辈。在西方人看来，土耳其人等

[①] ［英］J. F. C. 富勒著：《西洋世界军事史（卷三）》，钮先钟译，桂林：广西师范大学出版社，2012年版。

[②] 彭树智：《东方民族主义思潮》，北京：人民出版社，2013年版。

[③] 彭树智主编，王铁铮、黄民兴等著：《中东史》，北京：人民出版社，2010年版。

同于穆斯林。对于19世纪末20世纪初奥斯曼帝国的称谓也有所不同，不少学者和各国政府的文件称之为土耳其（Turkey）。从历史事实来看，奥斯曼帝国从1300年建国到1922年正式灭亡。但是1918年10月《摩德洛斯停战协定》的签订标志着奥斯曼帝国已经名存实亡。[①] 1922年11月1日，苏丹制被废除，奥斯曼帝国最后一任君主穆罕默德六世于11月17日离开土耳其。这一事件则标志着奥斯曼帝国真正退出历史舞台。

  本书在阐释相关问题时仍然使用奥斯曼帝国这一称谓描述，使用"奥斯曼帝国军队或奥斯曼军"而不是使用"土耳其军队"或"土军"来称谓参加加里波利战役的奥斯曼帝国军队，书中出现的奥匈帝国军队则直接使用奥匈帝国军队的全称而不是使用"奥军"，以便于区别奥斯曼帝国军队。

  此外，本书中还存在相关的不同语境下地名问题。如不同国家对奥斯曼帝国首都的称谓存在不同。1453奥斯曼帝国攻克拜占庭帝国首都君士坦丁堡后，将君士坦丁堡改名为伊斯坦布尔，并定为帝国新都。但是欧洲国家仍然出于各种原因，用君士坦丁堡称谓这座城市。很多出现的地名在西方语境下和在土耳其语境下的称谓也不同。如奥斯曼帝国重要城市埃迪尔内在西方语境下被称为"阿德里安堡"。

[①] 王三义：《晚期奥斯曼帝国史（1792—1918）》，北京：中国社会科学出版社，2015年版，第2页。

第2章

加里波利战役爆发的背景和原因

  加里波利战役爆发于西方大国围绕东方问题博弈的新阶段,在这一阶段,欧洲传统强国英国、法国和俄国开始共同密谋对奥斯曼帝国进行瓜分,奥斯曼帝国在第一次世界大战中加入与英法俄三国敌对的德奥(匈帝国)同盟促使三国对待奥斯曼帝国问题的立场出现转变,在这期间英国、法国、俄国和德国四国围绕奥斯曼帝国的利益分配进行了激烈的争斗。第一次世界大战战局的发展推动了加里波利战役的爆发,其中英国的战略调整是加里波利战役爆发的最主要动因,而俄国在很大程度上推动了英国决策的最终形成。

第一节　东方问题——大国围绕衰弱的奥斯曼帝国的博弈

  加里波利战役的爆发有着深刻的政治背景。在战争与政治的互动关系中,政治是目的,战争是手段,战争是从属于政治的工具。德国著名军事理论家克劳塞维茨在其著作《战争论》中认为战争是由政治产生的,政治是战争产生的土壤……战争是政治通过另一种手段的继续。①

奥斯曼帝国控制着战略要地土耳其海峡。土耳其海峡由博斯普鲁斯海峡、马尔马拉海和达达尼尔海峡组成，该地战略位置重要，历来是兵家必争之地。波斯帝国大流士一世进军巴尔干地区、亚历山大大帝东征以及后面的阿拉伯海军进攻拜占庭帝国首都君士坦丁堡、奥斯曼帝国经略巴尔干半岛都在此地留下足迹。从18世纪末开始英国、法国和俄国等欧洲大国开始围绕衰落的奥斯曼帝国进行了长达一个世纪的争夺。因为该地的重要性，俄国几个世纪以来一直想征服和控制这一地区。英国坚信从土耳其人手中夺取这条水路便能赢得世界大战。达达尼尔海峡是黑海沿岸各个国家和地区与外界进行贸易的必经之路，欧洲大国在海峡周围地区都有重要的经济利益。

奥斯曼帝国从17世纪末开始逐步衰落，在与欧洲各大国的政治和军事互动中，由攻势地位转变为守势地位。通过殖民扩张、海外贸易或者内部改革，英国、法国和俄国等国开始强势崛起，距离欧洲最近的奥斯曼帝国由于自身的衰弱态势，较早地成为西方大国对外扩张和争夺的势力范围。经历彼得大帝改革崛起的封建军事大国俄国和西欧新兴资本主义大国在奥斯曼帝国的利益碰撞日趋激烈。俄国从彼得一世开始，就坚持贯彻"南进政策"。该政策以夺取黑海出海口，占领土耳其海峡和君士坦丁堡为主要目标。俄国的扩张政策引起了英国、法国和奥地利等国的不满。奥斯曼帝国是法国对抗奥地利的传统盟友，法国在奥斯曼帝国有重要的贸易利益。英国在奥斯曼帝国有较大的经济利益，它对俄国在奥斯曼帝国扩张的态度由反应冷淡变为积极介入。奥地利则对俄国在与其接壤的奥斯曼帝国控制的巴尔干地区的扩张充满警惕。

18世纪后期，俄国沙皇叶卡捷琳娜二世发动两次俄土战争，结果使俄国在奥斯曼帝国的影响力空前上升，引起了西欧大国的不安。俄国与西欧主要大国奥地利、英国和法国对衰弱的奥斯曼帝国"怎么办"的问题成为当时的国际热点。俄国在奥斯曼帝国的扩张开始受到主要

---

① [德]卡劳塞维茨著：《战争论》，杨南芳等译校，西安：陕西人民出版社，2000年版，第25页。

大国的集体干预。1791年第一次"东方危机"标志着东方问题的产生。[①]

1821年爆发的希腊革命，引起了当时欧洲主要强国对奥斯曼帝国问题的关注。次年神圣同盟在奥地利首都维也纳开会时第一次提出了"东方问题"的这一说法。以主要大国干涉奥斯曼帝国镇压希腊革命为标志，东方问题开始进入新的阶段。西方大国在对待东方问题的方式上开始由外交手段转向军事手段。军事手段成为大国之间处理东方问题的常用方式。

19世纪前期，东方问题的焦点是英法为了维护两国在奥斯曼帝国的政治、经济和战略利益而防止俄国吞并奥斯曼。两国的干预使得奥斯曼在俄国的威胁下得以保持存在。维持奥斯曼帝国衰弱和不被大国单独掌控是19世纪英法两国介入奥斯曼帝国事务的主要目的，这一点以克里米亚战争为最明显的体现。为了阻止俄国在奥斯曼帝国的扩张，英法两国联合对俄国作战，使俄国在战争中惨败，俄国对奥斯曼帝国野心暂时得到遏制。

1871年德国的统一使东方问题的发展走向复杂。普奥战争后，奥地利被迫放弃以"大德意志"方案统一德国的方针，转而与匈牙利组建奥匈帝国，奥匈帝国把扩张的重点转向巴尔干半岛，与争夺奥斯曼帝国控制的巴尔干地区的俄国产生更大的冲突。普法战争后，巴黎对伊斯坦布尔的影响降低，而柏林对伊斯坦布尔的影响力呈现出逐步上升的态势。在俾斯麦时期，其在东方问题上采取现实主义政策，不寻求过分干预。英国和俄国对奥斯曼帝国的争夺仍然是东方问题的焦点。70年代，英国对俄国在奥斯曼帝国的扩张进行了有效的干预，再次保证了奥斯曼帝国的脆弱独立。俄国暂时改变了并吞奥斯曼帝国的不切实际的方针，同意维持奥斯曼帝国的现状。法国也认为维持奥斯曼帝国的现状可以更好地保证本国在奥斯曼帝国的利益，但也加强了对奥斯曼帝国北非领地的渗透和吞并。英国在维持现状的同时对奥斯曼帝国的内政进行了很多干预，同时加强了奥斯曼帝国边缘地区的渗透。1882年，英国出兵占领埃及。1896年，英国政府计划用海军占领

[①] 黄淑桢:《"东方问题"产生的探析》，《史学月刊》，1984年第5期，第88页。

加里波利半岛以威慑哈米德二世"屠杀"亚美尼亚人的举措。1906年，奥斯曼帝国占领蒂朗海峡的亚喀巴港，使英国感到自身在埃及的地位受到威胁，于是计划再次用海军干预，并对海军占领加里波利半岛和通过海峡的可行性进行了论证。

19世纪末和20世纪初，维持奥斯曼帝国衰而不亡成为欧洲各主要大国之间的共识。但是德国的强势崛起使得大国对东方问题的博弈进入了新阶段。德皇威廉二世上台以后，其扩张性的外交政策使得德国在奥斯曼帝国的影响力迅速扩大。威廉二世变俾斯麦的欧陆均势政策为世界政策，主张向海外进行殖民扩张，争夺世界霸权。奥斯曼帝国成为德国对外拓展势力的重要对象。奥斯曼帝国出于对自身利益的考虑，倾向于和德国发展友好关系。德国通过修筑铁路、军事交流和经济贸易等方式，逐步扩大自身在奥斯曼帝国的影响力。德国在奥斯曼帝国的经济、军事和政治影响力的提升引起了英法俄三国的不安。巴尔干地区奥斯曼帝国控制下的斯拉夫民族独立问题为大国介入奥斯曼帝国事务提供了很好的时机和借口。但在奥斯曼帝国加入同盟国参加一战作战以前，英法两国在对奥斯曼帝国外围地区的省份蚕食和控制的同时，仍倾向于保持奥斯曼帝国的中立和本土完整。

第二节　奥斯曼帝国加入同盟国集团

19世纪末20世纪初，奥斯曼帝国持续衰退，在对外战争中接连失利，丧失了帝国在非洲的全部领地，在欧洲巴尔干半岛的领地只剩下伊斯坦布尔及东色雷斯地区。奥斯曼在近东地区还保持传统的影响力，但在该地区的战略要地被英国和法国严重渗透。

在1909年的青年土耳其革命中，奥斯曼帝国素丹哈米德二世的统治被推翻，青年土耳其党开始登上历史舞台。对外作战中，奥斯曼帝国新政府接连失败，国内又发生了军事政变和动乱。到1913年，奥斯曼帝国最终形成了由青年土耳其党三巨头掌权的局面。其中，恩维尔帕夏担任帝国战争部长和总参谋部部长，塔拉特帕夏担任内务部长，杰玛尔帕夏担任海军部长。恩维尔在三人中最具权势。①

威廉二世上台后德国在奥斯曼帝国的经济和军事影响力迅速上升。经济方面，从1888年到1893年，德国对奥斯曼帝国的出口由1170万马克增加到4090万马克，奥斯曼帝国对德国的出口由230万马克增加到1650万马克。1900年，在对奥斯曼帝国的近东贸易中，英法居前两位，但是德国贸易额迅速攀升。从1900年到1910年，德国与奥斯曼帝国的贸易额增长了166%，而同期英法两国与奥斯曼帝国的贸易仅增加17%和25%。②

军事方面，从哈米德二世时期奥斯曼帝国就开始效仿德国陆军的模式进行改革，通过聘请德国教官和引进德国武器装备等方式推进军事现代化。德国对奥斯曼帝国陆军的影响最大，青年土耳其党政府内部最有权势的恩维尔帕夏是亲德派的代表，这引起了英俄等国的担忧。1913年德国派遣一个军事代表团到奥斯曼帝国，奥拓·里曼·冯·桑德斯任团长。俄国对此表示强烈的不满，俄国在与大国的反复博弈之中才勉强同意土耳其海峡控制在奥斯曼帝国这样的弱国手中，对于德国控制海峡坚决反对。俄国外相萨佐诺夫在12月上书沙皇："放弃该等海峡以致落入一强国之手，无异于令俄国南部整体经济发展全受制于该国。"③ 实际上，俄国的担忧纯粹子虚乌有。德国还没有强大到控制奥斯曼帝国的地步。但为了平衡德国的力量，奥斯曼帝国聘请英国海军代表团长期指导奥斯曼帝国海军的训练。

第一次世界大战爆发后，奥斯曼帝国高层对于是否参战存在严重的分歧，塔拉特帕夏反对参加一战，他认为："奥斯曼帝国就像是一个在森林中被打劫的人，如果能够保全性命，它将高兴地放弃钱、物品甚至身上穿的衣服。"④ 卡维特（Cavit）帕夏不同意参战，认为："参战无异于自掘坟墓，即使战争打赢了。"⑤ 杰玛尔帕夏倾向于和英国结盟，

---

① David Nicolle Phd., *The Ottoman Army 1914-1918*, London: Osprey, p. 5.
② 唐承运、刘亚臣：《巴格达铁路——德意志德国向东方推进的工具》，《世界历史》，1994年第4期，第74页。
③ [美]亨利·基辛格著：《大外交》，顾淑馨、林添贵译，海口：海南出版社，1998年版，第175页。
④ David Nicolle Phd., *The Ottoman Army 1914-1918*, London: Osprey, p. 7.
⑤ Ibid., p. 9.

但以恩维尔帕夏为代表的亲德派坚决主张同德国结盟，他企图依靠和德国联盟重振帝国雄风。在大战爆发前，奥斯曼帝国已经把目光盯上了俄国控制下的高加索和中亚地区，企图依靠战争控制这些地区。①

在奥斯曼帝国历史上，结盟战略曾被使用。在奥斯曼帝国强盛的16世纪，帝国曾与法国结盟，共同对付西班牙和奥地利。1856年克里米亚战争后，奥斯曼帝国应对西方大国的干涉和境内少数民族的分离主义和叛乱采取的措施有两项：第一，通过学习西方在帝国内部推动改革；第二，对外寻求和大国结盟以保障本国的安全。②

1908年革命后，奥斯曼帝国本身的脆弱地位，国际政治弱肉强食的丛林本质使青年土耳其党将维护帝国的安全和生存作为其制定对外政策的基本出发点。奥匈帝国的扩张、意大利发动的侵略战争加上两次巴尔干战争带来的国家危机，使得青年土耳其政府不得不寻求和大国结盟以保障本国的安全。寻求大国的保护是当时青年土耳其党领导人的共识。③

青年土耳其党政府在第二次巴尔干战争之后制定对外政策有四点考量：第一，寻求和大国的结盟以保障帝国的安全；第二，向大国寻求贷款以解决本国的财政破产局面，发展经济以解决由于大量来自巴尔干地区穆斯林难民造成的财政压力，帝国失去了发展最好的几个欧洲省份；第三，寻求废除领事裁判权，改变少数民族掌握国家经济命脉的情况，建立民族经济；第四，需要得到大国支持帮助本国建立海军来解决与希腊在爱琴海岛屿的争端。④

---

① David Nicolle Phd., *The Ottoman Army 1914-1918*, London: Osprey, p. 5.

② Gábor Demeter, The Views of the Young Turks and the Conservatives about Foreign and Domestic Politics before the Balkan Wars: a Historiographical Overview, https://www.researchgate.net/publication/216297910_The_Views_of_the_Young_Turks_and_the_Conservatives_about_Foreign_and_Domestic_Politics_before_the_Balkan_Wars_Historiographical_Overview?enrichId=rgreq-ba5e15061e6b9d6df706a8007b7f2b28-XXX&enrichSource=Y292ZXJQYWdlOzIxNjI5NzkxMDtBUzoxMDQ1MjM0MTg4MzI5MDNAMTQwMTkzMTczMzQwNw%3D%3D&el=1_x_3.

③ David Fromkin, *A Peace to End All Peace: the Fall of the Ottoman Empire and the Creation of the Modern Middle East*, New York: Henry Holt and Company, 2009, p. 48.

④ Rashid R. Subaev, "Some Issues of Turkey's Entry into the First World War", *Balcanica*, Vol. 2015, No. 46, 2015, p. 138; M. Şükrü Hanioğlu, *A Brief History of the Late Ottoman Empire*, Princeton and Oxford: Princeton University Press, 2008, p. 167.

巴尔干战争之后，寻求与一大国结盟来保障本国的安全成为青年土耳其党政府制定外交政策的最重要目标。一战爆发前，青年土耳其党政府先后寻求同英国、法国和俄国结盟。1914年7月初，萨拉热窝事件后不久，奥斯曼帝国海军大臣杰玛尔出访法国，和法国外交部官员戴·马热里探讨建立两国联盟的可能性，法方拒绝了奥斯曼帝国的提议。他们称奥斯曼帝国保持中立就足够。英国也不愿意与奥斯曼帝国结盟。

对于奥斯曼帝国来说，俄国是直接的威胁。保加利亚和奥斯曼邻近，历史上长期敌视，对奥斯曼首都地区的威胁也很大。而德国对奥斯曼帝国没有领土诉求。一战前，德国在奥斯曼影响力得到很大提升，但是它并不想和奥斯曼结盟。时任德国驻奥斯曼帝国的大使万根海姆和德国驻奥斯曼帝国军事顾问团团长冯·桑德斯将军都反对德国与奥斯曼帝国结盟，他们认为奥斯曼帝国不是一个合适的结盟对象，当时的奥斯曼帝国军事脆弱，在没有德国帮助的情况下很难起到在高加索地区牵制俄军的作用。当时只有奥匈帝国有意与奥斯曼帝国结盟，奥匈帝国的计划是通过打造奥匈帝国、奥斯曼帝国和保加利亚三国的同盟对抗塞尔维亚，主要是想实现奥匈帝国的利益，即对抗塞尔维亚。奥斯曼帝国则从自身的利益出发希望和保加利亚一道建立一个进攻性同盟以对抗希腊，或者在德国的保护下和罗马尼亚、希腊打造一个防守同盟以对抗俄国，或者在保加利亚加入协约国的时候对抗保加利亚。[1]

随着形势的发展，出于在巴尔干和其他地区对抗俄国的需要，德皇威廉二世改变策略，选择与奥斯曼帝国结盟。长期与协约国集团谈判的不顺利使奥斯曼帝国对协约国集团信任感降低。

1914年8月2日，奥斯曼帝国与德国签订了同盟条约，奥斯曼帝国方面只有赛义德·哈利姆、恩维尔、塔拉特和司法大臣哈利尔知道这一密约。德国与奥斯曼帝国同盟条约的主要条款包括：第一，条约缔结双方同意就目前奥匈帝国和塞尔维亚之间的冲突严格保持中立；第

---

[1] Rashid R. Subaev, "Some Issues of Turkey's Entry into the First World War", *Balcanica*, Vol. 2015, No, 46, 2015, p. 145.

二，在俄国对塞奥冲突采取积极干预的军事行动的情况下，德国因为和奥匈帝国的联盟关系要对俄国发布开战声明，开战声明也适用于奥斯曼帝国；第三，战时，德国将委托驻奥斯曼帝国的军事代表团处理与奥斯曼帝国的事务。奥斯曼帝国必须确保军事代表团对军事事务的有效影响，奥斯曼帝国战争部长和军事代表团团长之间要就其达成共识；第四，在奥斯曼帝国领土受到威胁的情况下德国有义务出兵援助；第五，签订的条约的目的是保护两帝国在因目前的冲突引发的国际争端中的利益，在双方全权代表签字后即有效，相关的双边协议同样有效。条约有效期到1918年12月31日；第六，在条约有效期截止的前六个月，如果没有一方公开终止条约，条约将再续签五年；第七，该条约有德国皇帝、普鲁士国王和奥斯曼帝国素丹批准。双方应在条约批准之日起一个月内交换批准书；第八，该条约应该保密，只能由签约双方知晓。①

但是和德国的密约只是保障了奥斯曼帝国应对俄国的威胁，其在希腊、巴尔干和保加利亚方面的威胁并没有得到保障，一战爆发后奥斯曼帝国将其主要兵力调配至东色雷斯以防备保加利亚，保加利亚对奥斯曼帝国的首都地区威胁最大。奥斯曼帝国与大国结盟的目的是给它提供保护。保加利亚和希腊都是奥斯曼选择的对象，但是青年土耳其党内部倾向于选择保加利亚。之后，奥斯曼试图与保加利亚结盟，同时尝试与希腊在比利时首都布鲁塞尔进行会谈探讨联盟事宜，两国选择英国记者狄龙（E. Dillon）为中间人。假如奥斯曼帝国和保加利亚都加入德国阵营，它将抛弃与希腊和谈的方案。

奥斯曼与德国结盟后并不急于参战，但英国参战后，奥斯曼帝国对德国的战略价值便大大提升，不仅能够牵制俄国，而且能够在中东牵制英国。青年土耳其党领导人恩维尔是一个实用主义政客。他在1914年10月以前的一系列外交活动都是以寻求本国的最大利益和获得安全保障为目标。即使是他在8月和德国达成密约，他也在寻求各种

---

① WWI Document Archive > Official Papers > The Treaty of Alliance Between Germany and Turkey, August 2, 1914.

结盟可能，包括与俄国结盟，以维护本国利益。① 奥斯曼帝国向欧洲国家寻求贷款和废除领事裁判权的事务都没有取得成果，只有俄国在废除领事裁判权问题上没有反对意见，因为俄国在奥斯曼帝国没有太大的商业利益，相关的商业和司法纠纷也较少。欧洲其他国家和美国都反对这一点。德国也反对奥斯曼的政策，但将主要责任推给协约国集团。这一点也是奥斯曼帝国和俄国进行谈判的一个重要原因。

1914年8月5日，恩维尔与俄国军事专员列昂捷夫（Leontiev）将军进行谈判，在谈判中，恩维尔表示可以帮助俄国牵制巴尔干国家，鼓动这些国家去对抗奥匈帝国，俄国帮助奥斯曼帝国协调其与希腊等国的领土纠纷作为补偿互惠。他告诫俄方，奥斯曼的外交选择是以其本国利益为导向的。8月9日，双方再次会谈。恩维尔提出双方签订十年盟约，根据盟约，奥斯曼军队可以去对抗任何一个巴尔干国家，或者和巴尔干国家一道对抗奥匈帝国。恩维尔期望这样可以消除俄国对本国的直接威胁。俄国拒绝了奥斯曼的请求。

1914年8月1—4日，德国、法国和英国相继卷入一战。三国在北非和地中海地区也展开博弈。8月6日，德国海军两艘军舰"戈本（Goeben）"号和"布雷斯劳（Breslau）"号在阿尔及利亚海岸攻击法国运兵船之后遭到英国海军的攻击，之后德国海军被迫逃往奥斯曼帝国的海峡地区避难。原来奥斯曼对是否允许德国军舰进入海峡持有疑虑。8月9日奥斯曼与俄国的谈判受挫。8月10日，奥斯曼政府允许德国两艘军舰进入海峡。②

德国和奥斯曼帝国两国最终结盟是由于德国的努力、英法俄三国的无作为和青年土耳其党领袖强势和冒险行为造成的。③

第一，英法俄等传统西方列强对奥斯曼帝国长期的侵略扩张使帝国政治、经济方面失去了独立，丧失了大片的领土，主权遭到侵蚀。

---

① Rashid R. Subaev, "Some Issues of Turkey's Entry into the First World War", *Balcanica*, Vol. 2015, No, 46, 2015, pp. 144-146.

② Ibid., p. 145.

③ ［苏］安·菲·米列尔著：《土耳其现代简明史》，朱贵生、苏莳、王荣宅译，北京：三联书店，1958年版，第52页。

而德国作为后起的西方列强，它对奥斯曼帝国的扩张主要是经济方面，对奥斯曼帝国没有领土方面的诉求。奥斯曼帝国从哈米德二世开始就有意加强与新崛起的德国之间的联系，可以达到提升本国的改革水平和制约英法俄三国的作用。德国的扩张模式在中东地区的其他国家也产生了一定的效果。一直到第二次世界大战前后，德国还是不少中东国家民族主义者开展第三国外交的重要对象，伊朗和阿富汗当时都和德国保持了密切的外交关系，二战时期，伊拉克、埃及等国的很多民族主义者亲近德国，希望通过德国摆脱英国的殖民统治。

第二，意土战争和两次巴尔干战争之后，奥斯曼帝国面临空前的国家安全和生存危机，青年土耳其党政府想通过和一大国结盟来保障本国的安全。青年土耳其党从其成立时起就有反对西方帝国主义国家的观念。巴尔干战争期间，西方国家对巴尔干各国屠杀、驱赶和掠夺奥斯曼帝国穆斯林国民的行为选择沉默和忽视。战前，西方国家宣布它们将保证巴尔干地区各国领土的现状不改变，但是奥斯曼帝国战败后，它们又承认巴尔干各国对奥斯曼帝国欧洲部分领土的瓜分。青年土耳其党政府对西方国家的敌对情绪进一步加剧。但是为了自保，又不得不与狼为伍。

英法俄三国对于奥斯曼帝国的结盟都给与拒绝，只有德国成为奥斯曼帝国结盟的潜在对象。英法俄三国是军事同盟关系，它们与德国的矛盾是主要矛盾。三国无论谁与奥斯曼帝国结盟，都会得到另外两国的反对。

俄国一直有占领奥斯曼帝国的首都伊斯坦布尔和土耳其海峡的野心。在其不能占领这些地区时也不允许别国染指该地区。1914年初，奥斯曼帝国和希腊在爱琴海的争端愈演愈烈。奥斯曼帝国向英国订购两艘当时世界上最先进的无畏舰。俄国害怕希腊攻占伊斯坦布尔和海峡地区，也害怕奥斯曼帝国海军实力的扩大改变黑海地区和爱琴海地区各国海上力量的平衡，而且担心奥斯曼帝国与希腊开战会造成奥斯曼帝国封锁海峡，影响俄国的出口贸易。俄国通过外交途径阻止双方开战，同时施压英国延迟向奥斯曼帝国交付战舰。2月的大臣会议上，俄政府就攻占奥斯曼帝国首都及海峡问题进行探讨，认为欧洲大战是最好时机。4月，俄国开始为占领伊斯坦布尔和海峡作军事准备。此外俄国还借助东安纳托利亚的亚美尼亚人问题介入帝国事务。[①]英国在1908年革命后国际社会中涉及奥斯曼利益的问题中都不支持奥斯曼帝国，忽视奥斯曼帝国的利益，还不断侵蚀奥斯曼帝国的海湾领地。1913年7月，青年土耳其党领导下的奥斯曼帝国政府被迫与英国签订了一项协定，根据协定，英国获得了在波斯湾和阿拉伯半岛沿海的权益，而奥斯曼帝国获得阿拉伯半岛内部和也门北部的势力范围。1914年7月底，英国强行征用为奥斯曼帝国打造的两艘军舰"苏丹奥斯曼（Sultan Osman）"号和"雷沙迪耶（Reshadiye）"号引发奥斯曼帝国政府和民众的反英情绪和反英活动。英国征用为奥斯曼帝国打造的两艘军舰激化了英国与奥斯曼帝国的矛盾。1913年奥斯曼帝国为希腊海军，向英国订购了大批军舰，其中包括2艘战列舰，2艘轻巡洋舰和4艘驱逐舰。2艘战列舰是重中之重，一艘名为雷沙迪耶号，是英国制造的世界先进战舰，排水量为25618吨，装备有10门343毫米的主炮。另一艘为"苏丹奥斯曼"号，装备有14门356毫米口径主炮。这些战舰是奥斯曼帝国全民捐款订购的。1914年8月一战爆发后，英国海军大臣丘吉尔宣布征用这两艘战列舰，将其分别更名为"爱尔兰"号和"阿金库尔"号，拨付英国皇家海军使用，奥斯曼帝国举国震怒，抗议英国的无赖行径，但是英国忽视了奥斯曼帝国的权益。该事件成为奥斯曼帝国倒向同盟国集团的重要因素。这两艘军舰的费用来自国民捐赠，来自印度尼西亚和摩洛哥等伊斯兰地区的穆斯林都进行了捐款。帝国境内很多妇女卖头发和首饰捐款，学生们都将其零花钱捐给奥斯曼帝国海军协会（Navy League），军官们和政府官员也降薪筹集费用。两艘军舰的打造不仅仅是提升奥斯曼帝国海军战斗力的需要，而且是帝国实现复兴和现代化的重要步伐。该事件削弱了协约国对奥斯曼帝国的影响力，青年土耳其党内部反英的力量得到加强。

第三，德国的成功模式对像青年土耳其党这样的由民族主义者组

[①] ［英］尤金·罗根著：《奥斯曼帝国的衰亡：一战中东,1914—1920》，王阳阳译，桂林：广西师范大学出版社，2017年版，第53—54页。

成的政党组织产生了重要的吸引力，他们在长期学习德国的过程中对德国成功模式产生了好感。

1914年8月4日，德国海军在地中海采取军事行动，企图阻止法国运兵船从北非向法国本土运输军队，但是遭到英国海军的攻击。在英国军舰的追击下，德国海军"戈本"号和"布雷斯劳"号于8月10日逃进土耳其海峡，德国宣布把两艘军舰卖给奥斯曼帝国政府，以替代奥斯曼帝国被英国征用的两艘军舰。[①] 戈本号更名为"亚伍兹（Yavuz）"号，布雷斯劳号改名为"梅迪里（Medilli）"号。这时，奥斯曼帝国对于参战没有做好准备，内部意见也不一致，但是德国在帝国境内获得了明显的权力。奥斯曼帝国政府把国家的海军交给德国舰队司令指挥，英国海军代表团被强迫离境，海峡被关闭。10月29日，德国指挥官率领以两艘德国战舰为主力的奥斯曼帝国舰队攻击俄国在黑海的海军基地。10月30日，俄国驻奥斯曼帝国大使要求发回国护照。英国要求奥斯曼帝国政府应在12小时内命令德国代表团离开，在奥斯曼帝国政府没有对俄国妥协的情况下，俄国于11月2日对奥斯曼帝国宣战。11月4日，奥斯曼帝国素丹穆罕默德五世宣布发动圣战，号召英法俄三国境内及其殖民地的穆斯林都举行起义，反抗他们异教徒的君主。11月5日，英法对奥斯曼帝国宣战。参战后奥斯曼帝国国内仍然存在政治分裂。恩维尔负责战争部工作，杰玛尔掌握叙利亚地区的军政大权，他不服从恩维尔的权威。塔拉特负责首都伊斯坦布尔地区的政务。各省的官员很大程度上保持自治局面，对待战争的态度不一。[②] 不少官员保持中立态度。

在奥斯曼帝国加入德国阵营后，传统欧洲大国在奥斯曼帝国达成的妥协和均势的基础已经不复存在。欧洲大国围绕东方问题的博弈进入了新阶段。英国、法国和俄国开始了密谋瓜分奥斯曼帝国的阶段。1914年11月14日，英国格雷备忘录的出台标志着英国传统的海峡政策开始转变，在格雷备忘录中英国表示在俄国不侵犯波斯中立和承认英国在埃及利益的情况下，打败德国后，君士坦丁堡和黑海海峡将依照

---

① ［英］帕特里克·贝尔福著：《奥斯曼帝国600年：土耳其帝国的兴衰》，栾力夫译，北京：中信出版集团，2018年版，第745页。

② David Nicolle Phd., *The Ottoman Army 1914-1918*, London: Osprey, p. 9.

俄国的意愿和利益安排。英国、法国和俄国经过长期谈判，于1915年3月达成《海峡协定》，并于1915年4月签订《伦敦条约》。[①]

第三节　加里波利战役的爆发

加里波利战役的爆发是伴随着第一次世界大战战场的形势发展而发生的。一战爆发后，随着战争形势的发展，英国从自身的战略和利益考量开始在西线战场之外开辟新战场，沙皇俄国的求援直接刺激了英国开辟新战场的决心。

一、英国的战略和利益考量

在1914年9月的马恩河战役之后，协约国和同盟国在法国北方和比利时的西线战场战线上陷入了僵持状态。从比利时到法国瑞士边境一线协约国军队与同盟国军队处于战壕战的对峙局面，双方要通过正面突破实现胜利已经不可能。在东线，德国给予俄军重创，但是不能够彻底击败俄军。俄军在与奥匈帝国的战斗中取得巨大胜利，提升了自身低迷的士气。在奥斯曼帝国参战以后，俄国从土耳其海峡的出口被阻断，50%的谷物和90%的出口无法进行。俄国迫切需要西欧盟国给与军事支持，西欧的协约国急于获得被封锁的俄国的谷物。西线作战的协约国集团需要通过有效的军事行动打破西线战场消耗巨大、伤亡惨重和无用的作战僵局，依靠武力打通达达尼尔海峡，占领伊斯坦布尔，援助俄国在高加索的作战，迫使奥斯曼帝国退出战争，稳定英国在中东的局势。[②] 英国还需要保卫其在苏伊士运河的利益和阻止奥斯

[①] 赵军秀：《英国对土耳其海峡政策的演变（18世纪末至20世纪初）》，北京：中国社会科学出版社，2007年版，第170页。

[②] 具体参见Philip J. Haithornthwaite, *Gallipoli 1915-Frontal Assault on Turkey*, London: Osprey, 1991, p. 6; Michael D. Smith, "Britain, Russia, The Gallipoli and the Straits", PHD of the College of Arts and Sciences of the Florida State University, June 1979。

曼帝国发动针对协约国的圣战。① 于是开始计划在外围地区发动攻势，粉碎德国建立从柏林到巴格达的条顿帝国的计划，迫使德国求和。②

1914年11月，英国海军大臣温斯顿·丘吉尔提出凭借英国海军的实力打开达达尼尔海峡，然后在加里波利半岛登陆，直取奥斯曼帝国首都君士坦丁堡，把奥斯曼帝国逐出战争。一方面又减轻俄罗斯高加索战线的压力。占领该地区就可直通黑海，支援俄国军队，同时掌握了将来影响俄国的把柄，并且希望借此开辟欧洲南线战场，支援塞尔维亚，打击奥匈帝国。丘吉尔的作战方案得到英国中东问题专员马克·赛克斯（Mark Sykes）爵士的认可。他热情洋溢地给丘吉尔写信称，"一旦奥斯曼帝国投降，德国的势力必会受到重挫"。他称丘吉尔是他认识的唯一甘冒险的勇士。③

二、俄国的求援

俄国在陷入东线战场后，又被动地卷入高加索战场，而国内物资短缺，远远不能满足战争的需求，德国的封锁使俄国波罗的海方向的对外通道被阻断，奥斯曼帝国对俄国宣战后造成俄国的最主要的外援通道土耳其海峡被堵死，俄国只能通过冰上通道和远东路线获得些许的物资补给。1915年1月，俄国的尼古拉大公请求协约国盟友在某处发动军事行动牵制奥斯曼帝国。④ 英国国内在马恩河战役以后，就开始考虑从波罗的海或者是从地中海发动攻势，制定了若干行动方案。俄国的求援在英国政府高层得到了回应。1915年1月2日英国陆军部长基钦纳接受了尼古拉大公的请求，决定在达达尼尔海峡发起攻势。

---

① G. S. Patton, *The Defense of Gallipoli: A General Staff Study*, p.4, http: //www.Pattonhq. Compdffilesgallipoli.pdf.
② Sean Mcmeekin,*The Berlin-Baghdad Express: the Ottoman Empire and Germany's Bid for World Power, 1898-1918*, London: Perguin Books, 2010, p. 180.
③ [英]詹姆斯·巴尔著：《瓜分沙洲：英国、法国与塑造中东的斗争》，徐臻译，北京：社会科学文献出版社，2018年版，第16页。
④ Philip J. Haithornthwaite, *Gallipoli 1915-Frontal Assault on Turkey*, London: Osprey, 1991, p. 6.

第3章

战役过程

第一节 加里波利战役作战方案的产生

英国加里波利战役作战方案的制定经历了漫长的过程,在一战爆发前尽管英国与奥斯曼帝国之间并没有开战,英国政府就已经探讨过占领加里波利半岛、通过海峡并占领君士坦丁堡的可能性。一战爆发后,英国开始了加里波利战役作战方案的漫长制定过程。

一、一战前英国政府对土耳其海峡行动可能性的探讨

19世纪末20世纪初英国政府在处理近东危机中,曾经多次探讨过通过占领加里波利半岛和通过海峡占领君士坦丁堡的可能性。1895年年末到1896年年初,为了联合其它大国抗议奥斯曼帝国素丹哈米德二世对待亚美尼亚人的所谓"屠杀"政策,英国首相索尔兹伯里（Salisbury）在给英国驻奥斯曼帝国大使的信件中表示:"我自己宁愿把黑海的东部和南部交给俄国,让达达尼尔海峡对所有大国开放;使埃及处于自治地位;我国获得托鲁斯山脉以南的叙利亚和美索不达米亚;让法国获得的黎波里和摩洛哥;意大利获得阿尔巴尼亚,奥地利获得

萨洛尼卡。"① 康纳（N. Conor）在1898年到1908年之间担任英国驻奥斯曼帝国大使。他担心俄国会利用奥斯曼帝国的无政府状态控制君士坦丁堡和海峡，为了防备俄国的这一伎俩，他探讨过英国占领加里波利半岛的可能性。他认为这个计划需要5000名英国士兵和海军陆战队在海军的配合下完成。当时的英国首相贝尔福（Arthur James Balfour）认为这个方案不可行。英国国防委员会表示可以通过占领爱琴海的利姆诺斯岛以示对俄国的回应。

1904年10月，贝尔福收到约翰·弗伦奇（John Denton Pinkstone French）将军的备忘录。在备忘录中，弗伦奇表示英国以武力占领达达尼尔海峡和博斯普鲁斯海峡会造成严重的后果，将会使英国失去埃及这一战略要地，建议最好让海峡掌握在奥斯曼帝国手中。

1906年，奥斯曼帝国军队占领埃及边境地区的战略要地亚喀巴城，使得英国政府感到事态的严重性。英国政府开始考虑通过向海峡地区派军向奥斯曼帝国施压。英国国防委员会探讨了三种发动攻击的方式：1. 海军单独行动；2. 在海军进攻的同时陆军加以配合；3. 大规模的海陆联合行动。这一危机使得英国和奥斯曼帝国几乎处于战争的边缘，但是最终得到了化解。英国国防委员会在进行多次论证后认为攻击海峡地区存在很多的局限性，最终于1907年初选择了放弃进攻海峡地区，而采用外交方式解决了这一危机。②

二、一战爆发后英国政府加里波利战役作战方案的制定

一战爆发后，希腊政府在1914年8月初寻求和英国结盟，并对奥斯曼帝国海峡地区采取行动，英国在权衡利弊之后，认为保持奥斯曼帝国的中立更符合英国的利益，拒绝了希腊的提议。之后，英国海军部也在8月考虑过对奥斯曼帝国海峡地区用兵的可能性。但是，由于担心引起本国统治下的穆斯林的反叛和动荡，英国海军部取消了这一方

---

① Keith Willson, "Reality-Check 1906-1907: The British Government Recognizes the Limitations of Its Power of Offence Against the Ottoman Empire", *Middle East Studies*, Vol. 49, No. 4, 2013, p. 517.

② Ibid., pp. 517-521.

案，努力争取奥斯曼帝国在战争中的中立，使协约国集团能够利用土耳其海峡的通道。9月奥斯曼帝国暂时关闭海峡和10月底攻击俄国之后，英国仍寻求奥斯曼帝国中立的可能性。

马恩河战役后，在西线战场作战的双方陷入战壕战的僵局。英法两国曾寄希望俄国在东线发动的攻势也被德国击退。俄军伤亡惨重，加上武器装备的落后和短缺，英国担心俄国是否能够继续坚持战争，担心俄国会寻求与德国求和，因此需要给予俄国大批援助，使它坚持作战。在奥斯曼帝国11月参战后，海峡通道彻底关闭，对俄国的援助变得非常困难。英国在11月给了俄国一份非正式承诺：战后俄国将会获取君士坦丁堡和土耳其海峡。但是俄国对此仍然感到疑虑。而英国的达达尼尔海峡行动计划证明俄国的疑虑不是多余的。英国战争委员会制定海峡作战方案时主要从以下几方面考虑：1. 可以充分发挥英国的海军优势，以最小的代价取得最大的战果；2. 这样可以迫使奥斯曼帝国退出战争，严重打击德国和奥匈帝国；3. 占有海峡，英国可以充分利用这一优势影响俄国的行为。[①] 英国政府高层中出现了对于西线作战的批评和反思的声音。丘吉尔认为，有必要通过找到一条新的道路去打破僵局，在他看来，俄国拥有丰富的人力资源，战争潜力巨大。如果能够给俄国足够的援助的话，就能够充分激发俄国的战争潜能，改变战局。一战爆发后波罗的海被德国封锁，英法两国能够支援俄国的途径只有通过处于北极和黑海的港口。北极地区的通航时间有限，加上陆上交通的落后，难以发挥重要的作用。黑海地区的港口通航条件良好，但是必须通过土耳其海峡。在奥斯曼帝国加入同盟国阵营以后，俄国通过土耳其海峡与西方盟国的联系被切断，战略上要求英法盟友对奥斯曼帝国采取行动，打通海峡。

面对西线战壕战的僵持局面，英国国内围绕如何破解僵局出现了分歧，最终形成了强调战术的团体和强调战略的团体。[②] 战术派主张

[①] Michael D. Smith, Britain, "Russia, The Gallipoli and the Straits", Florida State University, Doctoral thesis, 1979, p. Vii.

[②] ［英］李德·哈特著：《第一次世界大战战史》，林光余译，上海：上海人民出版社，2010年版，第129页。

制造一种刀枪不入的机器，可以应付机枪的扫射和越过战壕前进，以此来破解西线战壕战的困境。战略派主张不必去理会战壕困局。现代科技发展已改变距离与动员观念，在其他地区另辟战场等同于攻击敌人的战略侧翼。[①]这些人发展成相对于"西战场派"的"东战场派"。英国在法国的远征军总司令弗伦奇反对在他统御的法国战场之外开辟任何新战场。他和法军总司令霞飞元帅、法军副总司令福煦站在一方，他们坚信可以在西线取得胜利，对于基钦纳、丘吉尔和英国财政大臣劳合·乔治等人开辟新战线的看法持不屑态度。东战场派的战争方式合乎传统的英国海陆联合作战战略的思想。这种战略思想可以充分发挥英国的传统海权优势。英国战略派以英国第一海务大臣费希尔、海军大臣丘吉尔和陆军大臣基钦纳为代表，他们一直在考虑选择新的战场作战。

1914年10月，约翰·费希尔爵士从退役中复出担任英国第一海务大臣，他倾向于在德国海岸登陆。丘吉尔认为作为"当前战争主要中心舞台的法国形成了僵局；在俄国被压垮之前迫切需要摆脱这一僵局；在两翼运用两栖作战与施展政治谋略，有摆脱这一僵局的可能性"。[②]在选择是在北翼还是南翼进行突破时，丘吉尔更倾向于南翼。北翼作战首先要在海上面对强大的德国公海舰队的挑战，而且登陆时要直接面对德国强大的武装力量。在分析南翼的可行性时，他认为南翼的巴尔干四国（希腊、塞尔维亚、罗马尼亚、保加利亚）是奥斯曼帝国与奥地利的天敌，同时又是英国的传统朋友。四国拥有正规军110万，而全部的军力和资源更多。……争取这种战斗力的转移无疑是军事上的首选目标。巴尔干四国联盟进攻奥斯曼帝国和奥匈帝国会引起意大利的参与。意大利是奥匈帝国的宿敌，并对巴尔干半岛、奥斯曼帝国的领土有巨大的兴趣。英国在这一地区的行动得手，意大利很可能会成

[①] Scott, "The Naval Campaign in Gallipoli-1915 I Lessons Learned", Reach Report, No. AU-AWC-86-188, 1987, p. 3.

[②] [英]温斯顿·丘吉尔著：《第一次世界大战回忆录》第2卷，刘立译，海口：南方出版社，2008年版，第298页。

为协约国集团的一员，带着200万军队直接加入一战。[①] 对于从南翼作战目的地的选择，英国海军部有希腊的萨洛尼卡、达达尼尔海峡和亚历山大勒塔三种方案。[②] 丘吉尔倾向于在达达尼尔海峡采取行动。11月3日，英国地中海舰队对奥斯曼帝国达达尼尔海峡入口处的要塞进行炮击，取得不错效果。这使得丘吉尔确信对达达尼尔海峡用兵可以达到战略效果。丘吉尔与基钦纳讨论从埃及袭击加里波利的各种可能性。但是没有得到广泛的认同。1915年1月初，英国战争委员会对在外围地区采取行动进行了反复的讨论和争吵。俄军总司令尼古拉大公发电报建议英国对奥斯曼帝国采取行动，阻止其在波斯和高加索地区的野心。他提出三种方案，第一种是在叙利亚开辟战场，把奥斯曼帝国军队从高加索战场调动过去，帮助俄军减轻在东线的压力。第二种在波罗的海登陆，俄国海军正建造一支有600艘机帆船组成的舰队，可以在德国的波美拉尼亚海岸登陆。第三种是让协约国军队在希腊西北面的萨洛尼卡登陆。[③]

1914年12月29日，英国战争委员会秘书莫里斯·汉基认为攻击德国最容易的途径是从德国的盟国特别是奥斯曼帝国入手。他认为如果可以获得希腊与保加利亚的合作，应该动用新军中最早成立的3个军兵力进攻君士坦丁堡。目的是推翻奥斯曼帝国现有政府，将巴尔干半岛纳入协约国的势力范围，打通协约国与俄国之间的交通线，并进一步降低小麦的价格，增加35万吨的船运。他认为，达达尼尔海峡的胜利将使英法军队进入多瑙河，把多瑙河当作突入奥地利腹地的军事交通线，从而使英国海军进入欧洲中部地区。[④] 英国战争委员会倾向于在萨洛尼卡开辟战线，把军队投入到南巴尔干地区能赢得希腊的支持，罗马尼亚、保加利亚和意大利也会支持。在萨洛尼卡开辟新战线能起到

---

① ［英］温斯顿·丘吉尔著：《第一次世界大战回忆录》第2卷，刘立译，海口：南方出版社，2008年版，第299—300页。

② Pert Hart, *Gallipoli*, London: Profole Books Ltd., 2011, p. 14.

③ 萨洛尼卡是一座希腊海港城市，地处爱琴海的北岸，达达尼尔海峡西面，是希腊和土耳其的分界点。

④ ［英］马丁·吉尔伯特著：《20世纪世界史》第一卷（上），中国社会科学院世界历史研究所译，西安：陕西师范大学出版社，2001年版，第399页。

支持塞尔维亚的作用。塞尔维亚在实力增强后,能够进攻奥匈帝国。基钦纳和劳合·乔治支持这一计划。劳合·乔治主张调兵到巴尔干半岛,一面救援塞尔维亚,一面攻击敌人的后方。在1915年1月1日的备忘录中,他建议以希腊的萨洛尼卡或亚得里亚海沿岸的达尔马提亚地区作为作战基地。英国需要在巴尔干半岛采取行动,以便将希腊与保加利亚拉入协约国。英国政府在经过讨论后,选定萨洛尼卡作为新战场。萨洛尼卡是进入巴尔干地区很好的落脚点,军队在此登陆后可以威胁奥斯曼帝国和奥匈帝国。希腊政府此时保持中立,但暗示不会对萨洛尼卡登陆采取干预行动。这时,尽管英国政府对于是在萨洛尼卡还是在加里波利半岛采取行动还没有完全下结论,但是将近东地区作为采取行动的真正场所这一点已经达成了共识。[①] 基钦纳把俄国尼古拉大公求援的事情与丘吉尔进行协商。丘吉尔坚持对海峡发动攻势。费舍尔和英国海军司令杰里科上将反对把大量海军投入达达尼尔海峡的军事行动,他们将作战重点放到应对德国在北海地区的公海舰队。基钦纳又提出在奥斯曼帝国的亚历山大勒塔湾登陆,此举意在切断奥斯曼帝国的主要东进路线。德国一战期间的元帅兴登堡与奥斯曼帝国战争部长恩维尔帕夏战后评论说,如果此举成功,将使奥斯曼帝国瘫痪。这个方案没有产生很大影响。

丘吉尔给英国在东地中海的舰队发电报询问是否能通过达达尼尔海峡一直进攻到君士坦丁堡。英国舰队司令卡登回复说:"如果能增加军舰的数量扩大作战规模,目标可以实现。"丘吉尔指示舰队司令提交一份详细的计划。达达尼尔海峡成为另外可选的战场。英国提出的第三个方案是丘吉尔提出的攻击达达尼尔海峡的方案。一战期间担任德军总参谋长的法金汉的话印证了丘吉尔方案的价值,"如果协约国在地中海与黑海之间的海上交通无法长期关闭,战争致胜的一切希望将大幅降低。俄国将自其极端孤立的形势中得到解放。这种孤立形势其实远比我们在军事上获得成功更有效,更靠得住"。[②]

[①] Pert Hart, *Gallipoli*, London: Profole Books Ltd., 2011, p. 14.

[②] [英]李德·哈特著:《第一次世界大战战史》,林光余译,上海:上海人民出版社,2010年版,第130页。

许多支持在萨洛尼卡登陆的英国领导人偏爱从海上入侵达达尼尔海峡的行动计划。英国在海军方面拥有巨大的优势，法国海军也负责地中海地区的海上作战任务。英国完全有能力同时完成两项作战任务。同时执行两项任务并不会导致资源分散。萨洛尼卡的登陆作战主要靠陆军行动；舰船的作用是摆渡和后勤。而达达尼尔海峡的行动则主要是海军作战。英法两国强大的海军实力为实施这样一次海上作战行动创造了条件。英国海军大臣丘吉尔支持达达尼尔海峡行动。在丘吉尔看来，"这（达达尼尔海峡行动）是历史上最伟大的战役。想一想君士坦丁堡对东方的意义。其意义之大，超过把伦敦、巴黎、柏林合为一体对西方的意义。想一想君士坦丁堡是如何统治东方的。想一想君士坦丁堡被攻陷后的影响"。① 卡登提交的作战方案显示，要顺利通过海峡需要更多军舰支援，估计要付出12艘军舰的代价。英国战争委员会对卡登的作战方案进行了讨论。1月5日，英国召开战时会议，讨论在近东的军事行动。卡登的海军单独行动方案得到了战时会议成员的一致认同。1月8日，英国又召开战时会议，讨论东方战场形势。基钦纳勋爵发表意见赞成进攻达达尼尔海峡。1月11日，卡登的详细方案送回。丘吉尔、费希尔和基钦纳赞同卡登的方案，参谋部根据卡登的方案制定了具体的方案和指示。费希尔批准了这份草案。1月13日，英国战时会议一致通过这个计划。

2月初，德国军官指挥奥斯曼帝国军队进攻苏伊士运河，这次进攻被击退，但在英国产生很大震动，英国在埃及的利益受到明显威胁。英国认为开辟中东战场的行动越来越重要，也借以响应俄国尼古拉斯大公的在中东地区展示武力的诉求。在萨洛尼卡登陆，与英国希望更有效使用兵力的愿望吻合。劳合·乔治到法国和霞飞探讨在萨洛尼卡远征的事宜，霞飞以没有兵力拒绝，法国战争部长亚历克斯·米勒兰对此计划赞同。英国战争委员会批准了萨洛尼卡登陆建议。基钦纳令29师前往爱琴海上的利姆诺斯岛。霞飞和弗伦奇出于西线发动新攻势

---

① ［英］彼得·哈特著：《世界大战1914—1918：一战中的关键战役和重要战场》，何卫宁译，北京：新华出版社，2014年版，第128页。

的需要，联合向英国政府施压，基钦纳被迫放弃对29师的新部署，将该师暂时留在本土，而是派在埃及受过训练的澳大利亚和新西兰部队替代该师到利姆诺斯岛。最终，英国制定了从达达尼尔海峡和萨洛尼卡两条战线发动攻势的作战方案。达达尼尔海峡的作战由英法联合舰队负责进行。

第二节 战前各方态度和准备

一、协约国集团方面

英国是加里波利战役作战计划的发起者。但其国内对于是否开辟新战场、在哪里开辟新战场和如何分配兵力等问题进行了激烈争论。加里波利战役作战计划的出炉过程十分艰难。作战方案是在英国各方妥协下的产物，各方就执行海峡行动勉强取得了一致，制定出海军单独行动的方案，但是这个方案约束性不强。作战开始前，英国政府没有决定动用陆军支援海军的行动。在海军单独行动方案制定以后，英国政府高层对于是否派陆军支援海军作战没有形成统一意见，反复改变决策。

法国在1914年11月也有开辟新战线的提议。其司法部长阿里斯蒂德·白里安（Aristide Briand）提出派遣40万英法远征军到希腊萨洛尼卡，帮助塞尔维亚人抵御奥匈帝国和德国的进攻，并劝说罗马尼亚和保加利亚加入协约国集团。但法国政府主流不赞成加里波利战役的作战计划。霞飞认为分兵到加里波利战场会使得西线战场的实力减弱，不利于对德国的作战。他和英国将军弗伦奇一道反对进行加里波利战役计划。1914年底，霞飞对于在西线能够快速取得胜利充满信心。他认为协约国军队不久就可以突破困局，强烈反对任何的替代战略方案，并强调运输与补给上的困难，坚信德军必能轻松地将部队转运到联军新辟的战场。同时，法国国内也有人认为协约国军在西线恐无多大作为。国内出现了赞同开辟新战线的声音。1915年1月1日，法国将军加利埃尼建议在萨洛尼卡登陆,作为进攻君士坦丁堡的起点,攻击兵力则应强到足以鼓动希腊与保加利亚参与协约国阵营。他认为攻下君士坦丁堡之后,接着朝北进军多瑙河进入与罗马尼亚接壤的奥匈帝国。1月7日,法国军官弗朗谢·德埃斯普雷向总统庞加莱提议此事,庞加莱、白里安和总理维维亚尼在政府会议上再次向霞飞提议这一计划。霞飞再次拒绝。由于当时西战场派意见盛行,巴尔干半岛计划被放弃,但是出于联盟利益全局的考虑,加上纯粹海军行动不会影响西线作战的前提下,霞飞同意派海军和一个陆军师参战。

俄国推动了英国加里波利战役作战计划的形成。俄国向英法求援的行动在很大程度上促成了加里波利战役作战计划的出炉。但是俄国对于加里波利战役的态度呈现出矛盾的一面。丘吉尔建议,俄军参加协约国两条战线的陆海攻势,从黑海进攻奥斯曼帝国。俄国认为这将增进对他们有利的形势,但同他们蓄谋已久的并吞君士坦丁堡和达达尼尔的意图有矛盾。协约国将分享这一胜利使俄国人感到不安。从军事的角度考虑,俄国应该接受丘吉尔的提议,俄国应当在英国从海峡南端进攻的同时在博斯普鲁斯海峡对奥斯曼帝国进行海陆进攻。但是俄国占有君士坦丁堡的企图强烈,并不希望与盟邦合作进行此事。俄国的基本理念是兼并君士坦丁堡与达达尼尔海峡。俄国外交大臣萨佐诺夫向盟国提出愿意让君士坦丁堡国际化,以换取俄国控制达达尼尔海峡。但是俄国军方反对这种让步。俄国军方以嫉妒、疑惑以及无法坐视不顾的态度看待协约国任何指向这些目标的行动。萨佐诺夫写道:"我非常不愿意去想,海峡与君士坦丁堡可能不是由我们俄军,而是由协约国占领……加里波利的远征由我们的盟邦去决定……我无法掩饰这些消息带给我的痛苦。"[1] 俄国的这种态度决定了它对于希腊出兵作战的建议坚决反对。但是,俄国希望从加里波利战役中为本国获取利益。对于与英法盟国的分歧,双方选择了以谈判妥协的方式进行解决。英俄两国在进行秘密谈判后在1915年2月20日签订了一项秘密协

---

[1] [英]李德·哈特著:《第一次世界大战战史》,林光余译,上海:上海人民出版社,2010年版,第129页。

议：俄国答应不干涉英国占领它希望获得的奥斯曼帝国在亚洲阿拉伯省份的领土，作为交换条件，俄国将获得大量的领土，包括君士坦丁堡、马尔马拉海北岸地区、博斯普鲁斯海峡、达达尼尔海峡沿岸的欧洲和亚洲地区。[①] 这些协议是后来的三国海峡协议的前奏。在海峡协议签订以前，俄国不介入攻击达达尼尔海峡的战斗。海峡协议签订后，加里波利战役期间俄国也基本没有给予英法两国任何支援。

可以发现，协约国对于加里波利战役的准备明显不足。加里波利战役的爆发与协约国集团内部的权力斗争和利益分配之间有着必然的联系。从第一次世界大战的性质出发进行分析不难发现，一战是后起欧洲强国德国和传统欧洲强国英法俄之间矛盾不可调和的产物，双方结成的联盟都是相互妥协、相互利用的结果，英法和俄国围绕土耳其海峡问题争斗了近一百年，它们之间的争斗使得奥斯曼帝国得以幸存。目前，谁也不希望对方占领伊斯坦布尔，控制海峡，为了达到军事目的和政治利益，战争史上的妥协是常有的事。在1915年初，在英法计划发动海峡战役时，俄国要求英国对之前作出的给予俄国君士坦丁堡和海峡的承诺以正式的保证。

法国参加加里波利战役主要是处于自身利益的考量，法国不想英国单独在近东获取成功，于是派海军参加对达达尼尔海峡的行动。俄国也想参与这场战役，但是对于英法的企图充满了疑虑，担心英法占有君士坦丁堡。[②] 在英国要求希腊加入后俄国的疑虑加重，担心英国想让希腊恢复对君士坦丁堡的控制。

从整个战役的进展看，在第一阶段，英法海军联合舰队行动时，没有俄国海军的战略配合；在战役的第二阶段，英国请求俄军从北面发动攻势配合联军在加里波利半岛的登陆战役时，俄国的反应冷淡。希腊打算出兵3个师入侵保加利亚并从西面进攻君士坦丁堡，对此尼古拉二世表示强烈反对，俄国宁愿失去这一切，也不愿希腊人染指奥斯曼帝国领土。

---

① ［英］马丁·吉尔伯特著：《20世纪世界史》第一卷（上），中国社会科学院世界历史研究所译，西安：陕西师范大学出版社，2001年版，第400页。

② Pert Hart, *Gallipoli*, London: Profole Books Ltd., 2011, p. 20.

二、奥斯曼帝国和德国方面

土耳其海峡是奥斯曼帝国的战略要地，帝国政府很早就重视加里波利半岛和海峡地区的防务。加里波利半岛上奥斯曼军队的防御工事修筑可以追溯到18世纪后半期。1768—1774年俄土战争中，奥斯曼帝国遭遇惨败。奥斯曼帝国素丹穆斯塔法三世于是加强与英法等西方国家的军事合作，借助西方国家推动自身的军事改革。法国工程师弗朗西斯·德托特男爵监督奥斯曼帝国修筑达达尼尔海峡的防卫工事，[1]这些工事很多已经老化。1883年，德国派高尔兹将军（Colmar von Goetze）到奥斯曼帝国帮助奥斯曼帝国军队整顿陆军。1885年，达达尼尔海峡的防御工作开始进行近代化的改进。[2]奥斯曼帝国政府开始在海峡两岸修筑炮台和堡垒。水雷、探照灯等设施得到配置。到20世纪初，反潜网和电话系统增加。在和平年代，这些设施基本上处于半关闭状态。[3]1911年，意大利入侵奥斯曼帝国在北非地区的最后两个省份班加西省和的黎波里省。奥斯曼帝国的青年土耳其军官带领当地阿拉伯部落民和赛努西教团教众发动游击战，给以意大利侵略军沉重打击。意大利损兵折将，耗费大量财力，急于结束战争。为迫使奥斯曼政府妥协，意大利海军进入达达尼尔海峡对奥斯曼帝国心脏地带进行威胁。意大利海军的行动让奥斯曼帝国再次意识到海峡防务的不足。1913年巴尔干战争中，奥斯曼帝国军队加强了对半岛的防御，构筑了新的防御工事。[4]参战前，半岛有100门射程短的海防炮，很多已经失灵。第二次巴尔干战争期间，保加利亚军队切断了半岛奥斯曼帝国军队与首都之间的联系，防卫半岛的奥斯曼帝国军队凭借半岛上修筑的坚固工事和海上支援成功地守卫了半岛。在此期间，奥斯曼帝国军

---

[1] 樊为之：《奥斯曼帝国后期的军事与政治关系研究》，西北大学硕士学位论文，2000年5月，第5页。

[2] 李岩、高明编：《第一次世界大战史画》，北京：蓝天出版社，2005年版，第198页。

[3] Edward J. Erickson, "Strength Against Weakness:Ottoman Military Effectiveness at Gallipoli, 1915", *The Journal of Military History*, Vol. 65, No. 4, Oct 2001, p. 985.

[4] Pert Hart, *Gallipoli*, London: Profole Books Ltd., 2011, p. 61.

队已经制订了很好的半岛防卫计划。战争结束后半岛的防务又回到常态。1914年7月31日希腊海军接近海峡入口处，震惊了奥斯曼帝国政府，政府命令海峡要塞司令加强防御。①

一战爆发后，奥斯曼帝国宣布中立。在8月，帝国政府进行了预防性战争动员，并逐步增强在加里波利半岛的兵力。加入战争时奥斯曼帝国已经在半岛有一支数量相当的武装力量，但是防守半岛的炮台落后，缺少炮弹。德国军官率领500名德国技术人员帮助奥斯曼帝国军队进行防务建设，但是很难通过中立国给予奥斯曼帝国军队战争物资支援。②

1914年8月3日，奥斯曼帝国政府开始在海峡布置雷场保护达达尼尔海峡。8月10日，奥斯曼帝国第9师驻防加里波利半岛的海峡入口处，该师拥有20门炮，只有4门当时可以用。9月奥斯曼帝国关闭海峡后，又进一步布置了更多的雷场。在德国海军的建议下，奥斯曼帝国政府在雷场附近布置防潜网，以防止英国潜艇进入海峡。到12月奥斯曼帝国军队共在海峡地区布置了125颗水雷。

11月3日，英国舰队对达达尼尔海峡的外围要塞进行了短暂的炮击，炮击促使德国当局提醒奥斯曼帝国加强防务。德国少校韦尔勒将他指挥的奥斯曼帝国军队的一个团的8门榴弹炮运抵亚洲海岸的海峡入口处。在德国军官的帮助下，奥斯曼帝国军队又在海峡最狭窄处配置了一些小型炮台。鱼雷发射管和探照灯等防务设备也得到配置。③桑德斯在1915年1月26日就开始分析英法军队从亚洲海岸和半岛登陆的可能性。④

1915年2月，半岛上的奥斯曼帝国军队超过3.4万人。到3月，海

---

① Edward J. Erickson, "Strength Against Weakness:Ottoman Military Effectiveness at Gallipoli, 1915", *The Journal of Military History*, Vol. 65, No. 4, Oct 2001, p. 990.

② Ibid., p. 991.

③ Kevin Fewster, Vecihi Basarin, Hatice Basarin, *Gallipoli: The Turkish Story*, New South Wales: Allen & Unwin, 2003, p. 70.

④ Travers Tim, "Liman von Sanders, the Capture of Lieutenant Palmer, and Ottoman Anticipation of the Allied Landings at Gallipoli on April 25", *The Journal of Military History*, Oct 2001, Vol. 65, No. 4, p. 967.

峡防务更新计划才接近完成。但半岛上所用的大炮部分还是1885年制造的德国大炮，都已经生锈，使用的装备部分从阿德里安堡要塞拆卸运过来，部分从海军军舰上拆运过来。[①] 奥斯曼帝国防御海峡所用的水雷的大部分来自帝国海军扫雷部队从博斯普鲁斯海峡附近俄军部署的雷场中猎获的水雷。[②] 在加里波利战役的备战中，德国发挥了重大的作用。德国皇帝威廉二世非常关注加里波利半岛奥斯曼帝国军队的防卫准备工作，表示给予奥斯曼帝国军队弹药、火炮的支援，可能时提供潜艇支援，并派数架飞机到恰纳卡莱支援。德国驻奥斯曼帝国军事顾问团在加里波利战役的准备工作中发挥了关键的作用。

三、中立国方面

一战爆发后，地处巴尔干半岛的希腊、保加利亚和罗马尼亚三国处于观望状态，成为中立国。希腊国王君士坦丁倾向于和德国结盟，但是国内以首相韦尼泽洛斯为代表的内阁主张与英法结盟。1914年8月，韦尼泽洛斯公开表示准备毫不保留地将全国兵力置于协约国的调度之下。但是英国在这时没有答应希腊的请求。主要原因是英国外交大臣格雷爵士不愿引起奥斯曼帝国对本国的敌意。英国的态度在8月底出现了变化，改变不愿冒犯奥斯曼帝国的态度，曾征询希腊是否愿意派遣远征军，以协助协约国对达达尼尔海峡施压。君士坦丁国王勉强表示同意，条件是保加利亚必须维持中立以防止使希腊腹背受敌。希腊的作战计划完备，准备以6万兵力在加里波利半岛外围尖端附近登陆，占据奥斯曼帝国防卫海峡要塞的后部。同时，另以3万兵力在布莱尔附近占据半岛狭窄部。但等到奥斯曼帝国参战时，君士坦丁放弃了原来的想法，原因是希腊相信保加利亚已经准备投向德国。但是君士坦丁同意英国使用本国的岛屿和海港，并同意英法驻军本国港口城市萨洛尼卡。1915年3月，希腊政府准备放弃中立政策，向进攻达达尼

[①] Henry Morgenthau, *Ambassador Morgenthau's Story*, New York: Doubleday Page & Company, 1918, p. 134.

[②] Ibid., p. 136.

尔海峡的英法舰队提供3个师的兵力支持，用于从陆上进攻君士坦丁堡，条件是获得奥斯曼帝国在爱琴海拥有的各岛、阿尔巴尼亚南部和小亚细亚的士麦那省。但是，俄国反对希腊介入。希腊政府最终拒绝了和协约国的谈判，继续保持中立。

保加利亚倾向于和同盟国结盟。但是在一战爆发后选择了中立。对于协约国军队在海峡地区的作战行动，保加利亚在局势不明朗时选择静观其变。由于担心本国在奥斯曼帝国的侨民遭受政治影响，当时保加利亚不少贵族子弟就读于西方国家在奥斯曼帝国办的学校。于是保加利亚选择在1915年6月从奥斯曼帝国撤出侨民。保加利亚依靠自身价值同时向协约国和同盟国讨价还价争取本国利益。罗马尼亚倾向于和协约国结盟，但在战局不明朗的情况下，继续保持中立。

一战前，意大利与德国和奥匈帝国结盟。但在一战爆发后选择了中立。意大利企图利用中立的地位抬高自身的身价，该国和同盟国和协约国双方均进行了接触。意大利提出一些领土要求作为加入同盟国参战的条件，但是这些要求被奥匈帝国拒绝。意大利转而投向协约国，以换取协约国同意其特殊的领土要求（其中一项是控制奥斯曼帝国所属的小亚细亚地区的南部省份，包括马尔马里斯港和安塔利亚港）。获得这些领土有赖于快速打败奥斯曼帝国。意大利没有参加加里波利战役，但是期待从中获利，于是表示支持英国发动战争。[①]

第三节　加里波利半岛和达达尼尔海峡的地理环境

在古今战争中，地理环境一直是影响战争进程和结局的重要因素，在冷兵器时代，地理环境的影响尤为突出。在世界战争由传统战争向现代战争过渡的时期，地理环境的作用有弱化的趋势，但是其影响仍然不能够被忽视。亚洲内陆山地国家阿富汗在古代是帝国的坟墓，进

---

① WWI Document Archive > Official Papers >26 April, 1915, The Treaty of London.

入近现代以后仍然是众多帝国的坟墓。复杂的地形让各个时期进入阿富汗作战的的帝国均陷入战争泥潭。加里波利战役是世界战争步入现代化战争初期发生的最早的大规模海陆联合登陆作战，各种新式武器得到应用。但在这种情况下，作战仍然很大程度上受到地理环境的制约。在研究加里波利战役时，有必要先对加里波利战役和达达尼尔海峡的地理环境进行分析。

一、加里波利半岛的地形和气候

加里波利半岛长70公里，最宽处有19公里。布莱尔地峡处仅有5.6公里，位于西南端的脖颈处宽度不足10.6公里，是一个布满险峻山峦的贫瘠半岛。半岛的东岸与土耳其的亚洲部分平行，达达尼尔海峡位于两者中间，从半岛上山脊的高峰远望，海峡尽收眼底：向西和向南能看到爱琴海，向东看到达达尼尔海峡全程和土耳其亚洲海岸一侧的起伏山峰。加里波利半岛是保卫土耳其海峡的一道关键屏障，占领了加里波利半岛，也就意味着控制了海峡，掌控了整个地区的战略主动权。加里波利半岛呈狭长型，半岛上多荒芜的山地。半岛上俯视海滨的山脊和陡坡构成良好的防御阵地，保卫着达达尼尔海峡的欧洲一边。整个半岛山峦绵亘、崎岖不平、沟壑纵横，便于守卫的一方进行防守。

4个主要山丘耸立半岛之上。环绕苏弗拉湾的半圆形山链有182到213米高；萨里拜尔山高度超过304米；狭窄段对面的基利德巴赫尔高地的高度在182到213米之间；离西南端9公里的阿齐巴巴峰有213米高。半岛西侧的登陆点少。山崖陡峭地落入海面。半岛表面覆盖的植物多为灌木丛。从阿齐巴巴峰到海勒斯角的地方是一段从海边渐起的缓坡，这个地区又呈汤匙形，使得它的边缘在很大程度上可以抵挡英法海军的直接炮火打击。这种地形会造成作战军队运输的困难，毛驴成为重要的运输工具。

加里波利半岛地处地中海东部，其气候属于典型的地中海气候。半岛夏季高温少雨，冬季温和多雨，加上半岛多山地，受山地海拔高因素的影响，气温往往偏低，容易产生暴风雨等恶劣天气。这些会影响双方的作战，夏季气温高，缺乏降雨，容易造成尸体腐烂、各种传染病、蝇虫横行。冬季的暴风、雨雪对于作战双方来说都是严峻的挑战。加里波利半岛人口数量极少，除了奥斯曼帝国军队修建的防卫工事外，整个半岛仅有4个小型村镇。人口最多的村镇恰纳卡莱仅有1.6万人。对于作战双方来说都很难从半岛获取补给，战争所需的物资都需要从外地运来。

二、达达尼尔海峡的地理环境

达达尼尔海峡是土耳其海峡的南段，其位置非常重要，是连接地中海和黑海的重要通道。从达达尼尔海峡的南端进入海峡，在深水航线上行使70公里后可以抵达宽阔的马尔马拉海。达达尼尔海峡无冰期，风向疾转且多风暴，给船舶的航行带来很大困难。海峡最宽处7500米，最窄处1400米，水深从6米到15米不等。海峡弯曲，近岸处险滩多，海峡北部是加里波利半岛，南侧为亚洲海岸。海峡内洋流速度较快，不利于扫雷行动。

第四节　双方军事力量对比

从18世纪开始，奥斯曼帝国就开始以军事改革为开端的近代化改革，通过引进西欧国家先进的武器装备和军事技术，聘请西欧国家军事教官帮助训练军队。普法战争以前，法国对于奥斯曼帝国的军事改革影响最大。之后，德国的影响逐渐超过法国，统一后的德国与奥斯曼帝国关系迅速升温。德国曾派遣军事顾问团到奥斯曼帝国帮助进行军事改革。哈米德二世倾向于发展和德国的友好关系。哈米德二世在位期间非常重视军队建设，他采取措施，使帝国的穆斯林男子入伍更加公平，在军校学习的学生免学费，降低了入学的门槛，使许多中下层的男子有机会进入军校学习。1909年青年土耳其革命以后，奥斯曼帝国政府努力实现陆军和海军的现代化，进口了大批先进的武器装备，预备役重新进行，军队医疗服务开始建设，并建设了新的训练中心。政府出台法律使非穆斯林也能够公平入伍。意土战争和两次巴尔干战争的接连失利使得军事改革继续推进。从1913年起，奥斯曼帝国大量使用德国军官推进军事改革。德国军官的严格训练使得奥斯曼帝国军队的战斗力有所提高。在1915年3月18日击败英法舰队从海上的进攻之后，奥斯曼帝国政府于3月21日组建第五集团军，保卫首都南部加里波利半岛地区，任命奥拓·里曼·冯·桑德斯（Otto Liman von Sanders）将军担任指挥官。

参加加里波利战役的第五集团军得到了奥斯曼帝国空军第一飞行支队的支援。奥斯曼帝国空军是帝国在后期组建的一支现代化军队。1909年，雄心勃勃的奥斯曼陆军就打算建立一支航空兵部队。随后，两个考察组被派往欧洲考察。1911年7月，来自骑兵部队的菲瑟上尉和来自工程兵部队的约瑟夫·柯南中尉被派往法国接受飞行训练。同年，奥斯曼陆军的首个航空机构——"航空委员会"挂牌，成为土耳其空军的起源。随后，奥斯曼帝国在埃斯基谢希尔成立了第一所空军医院。1912年7月3日，在菲瑟和约瑟夫·柯南学成回国后，奥斯曼帝国在伊斯坦布尔成立了空军学院，着手培训飞行员，并训练空军军官。空军学院的成立加快了空军壮大的进程，使更多的人员充实其中。随着飞行员和飞机的增加，奥斯曼帝国成立了可以作战的"航空连"。1913年5月，空军学院开展了世界上首个专门侦察训练计划，并成立首个侦察部门。1914年6月，奥斯曼帝国海军航空学院成立。第一次世界大战爆发时，奥斯曼帝国空军参战。

奥斯曼帝国海军由于实力有限，在战役中主要依靠少量潜艇和鱼雷艇突袭协约国军队，海军仅仅在登陆战打响后为陆军提供了两个机枪分遣队，共有24挺机枪。海军在战争期间主要承担运输任务和海峡首都区域的警戒作用，大型战舰"戈本"号和"布劳斯特"号没有参战。当时的第五集团军包括第15军，由第3和第11步兵师组成；第3军，由第9和第19步兵师组成；第16军，由第7和第5步兵师组成；还有一个骑兵旅。奥斯曼帝国每个步兵师由三个步兵团和一个炮团组成，每个团包括三个营和一个机枪连。每个炮团包括两个炮排和一支骑兵支队。此外，每个师还有一个先锋连和一个卫生连。每个师人数从1万人到1.2万人不等。英法军队从半岛登陆时，奥斯曼帝国军队的总人数为8.4万人。奥斯曼帝国军队之前先后经历过意土战争、两次巴尔干战争，积累了丰富的作战经验，加上德国军事顾问团的训练，作战效能大大提升。先后投入战斗的包括奥斯曼帝国军队包括第1师、第2师、第3师、第4师、第5师、第6师、第7师、第8师、第9师、第10师、第11师、第12师、第13师、第14师、第15师、第16师、第19师、第20师、第26师和第27师，共计20个师。

1915年4月25日参加加里波利半岛登陆作战的协约国军队共计7.5万人。① 其中包括英军第29师（1.7万人）、澳新军团（3万人）、② 法国第一殖民地师（1.6万人）和英国海军陆战师（1万人）。③ 英军中只有第29师是英国的正规军队，其他有作战能力的部队大部分被派往西线战场作战，英军（包括澳新军团）多为一战爆发后重新征召的部队，没有作战经验，训练水平低。法军的作战能力较强，但是由于数量较少，在战役中发挥的作用有限。④

先后投入加里波利战役的协约国军队包括：英法联合舰队，共拥有16艘战列舰（英国12艘、法国4艘），20艘驱逐舰（英国14艘、法国6艘），30艘扫雷艇。水上飞机母舰2艘。英军：第29师、第42师、第52师、第10师、第11师、第13师、第53师、第54师和皇家海军师，总计9个师；英国殖民地的埃及义勇骑兵师，印度师和印度的廓尔喀旅，总计2个师。澳大利亚和新西兰：澳大利亚军团和新西兰军团，总计2个师。法军：东方远征军第1师和其它殖民地军团，共计14个师。

---

① 也有学者认为此时的协约国军队的总兵力为8.1万，包括178门炮，而土军只有6.2万人。见G. S. Patton, The Defense of Gallipoli: A General Staff Study, pp.7-9, http://www.Pattonhq.Compdffilesgallipoli。

② 澳新军团共有7个师，包括5个澳大利亚师，1个新西兰师和1个澳新联建师。参加加里波利战役的有澳军第1师（1915年4月25日登陆）和第2师（1915年8月登陆），澳新联建师（1915年4月25日登陆）。

③ 李岩、高明编：《第一次世界大战史画》，北京：蓝天出版社，2005年版，第221页。

④ Matthew Hughes, "The French Army at Gallipoli", The RUSI Journal, Vol. 150, No. 3, Jun 2005, pp. 64-67.

英军第29师是由全国各地卫戍部队的新建制师，没有受过多少训练。第42师原来主要负责兰开夏郡的本土防守任务，战斗力弱，属于战役预备部队。法国东方远征军第1师受过良好的军事训练，装备精良。

第五节　战役进程

加里波利战役经历了两个阶段：英法舰队海上进攻阶段和英法军队联合登陆作战阶段，在海军突破阶段，英法舰队也开展了小规模的登陆作战；在登陆作战阶段，海军为陆军登陆作战提供了各种支援。双方之间进行的潜艇战贯穿于整场战役，飞机在战争期间发挥了侦察作用。加里波利战役已经呈现出现代化战争的特征。

一、海上进攻阶段

（一）双方的作战目的

英法海军舰队的作战计划是用舰炮摧毁达达尼尔海峡入口处的奥斯曼帝国军队要塞，然后以舰炮压制敌方在海峡两岸的要塞，在军舰的掩护下，派出扫雷部队扫除达达尼尔海峡狭窄处的奥斯曼帝国军队的水雷，进入马尔马拉海，最终抵达君士坦丁堡。双方争夺的焦点是达达尼尔海峡的控制权。

奥斯曼帝国军队依托半岛防御工事防守，利用移动大炮和要塞大炮打击英法舰队的军舰和扫雷部队，辅以布雷战术对抗英法海军，以阻止英法舰队通过达达尼尔海峡。

（二）英法舰队的2月攻势

英法联合舰队由16艘战列舰（英国12艘、法国4艘）、20艘驱逐舰（英国14艘、法国6艘）和30艘扫雷艇组成。舰队共配备178门大炮，其中的大部分炮比奥斯曼帝国堡垒的炮先进、炮火猛烈，射程更远。1915年2月19日，战斗打响。英法舰队的进攻分两步：第一步是远程轰击；第二步是近距离轰击破坏堡垒，扫清穿越海峡面临的障碍。最初，舰队保持行进中射击，没有取得很好的效果，然后改为抛锚后射击，对奥斯曼帝国的堡垒炮火进行了一定的压制。但是奥斯曼军队利用修的战壕成功地躲避了英法舰队的炮击。因为天气原因，英法舰队的进攻暂停了5天。2月25日，英法舰队恢复炮击并成功毁坏了奥斯曼帝国军队在海峡入口处的要塞炮台。25日夜，舰队进入海峡，摧毁了奥斯曼军队的外围堡垒。海军陆战队士兵上岸对奥斯曼帝国军队的炮进行了破坏。3月2日，达达尼尔海峡的全部外围工事被毁。但英法舰队很难完全摧毁奥斯曼军队的火炮。因为奥斯曼军队的炮兵阵地部署分为固定炮台和移动炮台。英法摧毁的主要是固定炮台，而对于奥斯曼军队的移动炮台，英法难以应对。奥斯曼军队可将移动火炮移动到丛林密布的山中躲避英法舰队的打击。还能适时对英法军舰发动反击。法国海军军官评价奥斯曼军队的火炮发射炮弹时不冒烟、体积小并且移动性好，很难锁定位置。① 之后，舰队可以深入到海峡里面9.6公里的位置，到达奥斯曼帝国军队设置的雷场。英法舰队在扫雷的战斗中遇到了很多困难。扫雷艇上临时征召的平民船员在遇到奥斯曼帝国军队炮火打击时害怕不敢前进。派去替代平民船员的海军船员在操控民用拖捞船和操控复杂扫雷工具方面都没有经验。此外，由于达达尼尔海峡洋流速度较快，制约了扫雷部队的扫雷工作。一支由7艘扫雷艇组成的小型舰队冒险进入海峡，奥斯曼帝国军队集中炮火轰击，扫雷舰队被迫撤退。由于缺乏空中侦察，英法舰队看不到从沿着山脊后面发射炮弹的奥斯曼帝国军队榴弹炮，军舰上的大炮射线较平无法命中奥斯曼帝国军队的榴弹炮。② 奥斯曼帝国军队的榴弹炮给英法两国的舰队造成很大的杀伤，英法两国的军舰均属于排水量大的大型军舰，舰身甲板厚，防护力强，但是船面甲板缺乏防护，奥斯曼帝国军队的榴弹炮对军舰的甲板产生重大的杀伤，甲板起火后，产生的浓烟严重

---

① ［英］尤金·罗根著：《奥斯曼帝国的衰亡：一战中东，1914—1920》，王阳阳译，桂林：广西师范大学出版社，2017年版，插图部分。

② Kevin Fewster, Vecihi Basarin, Hatice Basarin, *Gallipoli: The Turkish Story*, New South Wales: Allen & Unwin, 2003, p. 70.

影响了攻击。① 德·罗贝克命令舰队撤退,致使军事行动出现拖延,奥斯曼帝国军队看到敌人舰队撤退,立刻重新恢复修建防御工事。远在英国国内的丘吉尔不断发电报催促卡登继续进攻。

奥斯曼帝国军官及其德国顾问对于英法舰队的进攻已经有预感。奥斯曼帝国的防御能力薄弱,海峡两岸的高地上只有大约100门大炮,大炮多属旧式大炮,射程短,但仅有的几门给英法舰队的扫雷工作带来不少困难。

英法舰队2月份的进攻在奥斯曼帝国内部引起了很大恐慌,素丹和很多政府官员准备放弃伊斯坦布尔,逃往安纳托利亚高原的内陆。德国驻奥斯曼帝国大使已经做好了撤离君士坦丁堡的决定。② 奥斯曼帝国政府三巨头之一的塔拉特帕夏认为英国海军可以在损失很小的情况下通过海峡。恩维尔帕夏力排众议,主张保卫首都并表示要坚持战斗到最后一个人。③ 他认为即使英法舰队通过海峡,穿越马尔马拉海到达君士坦丁堡并炮轰这座城市,在没有大批陆军支援的情况下也无法占领这座城市,并且在弹药用完后他们将不得不撤离。

当时芝加哥的期货交易市场上的小麦的价格骤然下跌,说明当时的国际金融机构认为英法舰队会取胜,俄国的小麦出口将大幅度上升。而俄国担心英法两国会长期占有君士坦丁堡和海峡,要求英法两国关于君士坦丁堡发表公开宣言。英法舰队的军事行动对保加利亚产生了重要影响,使保加利亚在这个时候倾向于与协约国结盟。英国的情报显示奥斯曼帝国军队被迫向阿德里安堡后撤,建立针对保加利亚的防线。英国驻保加利亚首都索菲亚特别使团团长佩吉特将军3月17日给基钦纳的电报说:"在觐见国王后,我确信达达尼尔行动产生了明显的影响,保加利亚已经毫无可能进攻任何与协约国结盟的巴尔干国家,有理由认为保加利亚不久将会配合达达尼尔行动攻打奥斯曼帝

---

① Gallipoli's Deep Secrets, National Geographic Channel, http://www.natgeo.com.cn/programme/ 2010-12-14.

② Henry Morgenthau, *Ambassador Morgenthau's Story*, New York: Doubleday Page & Company, 1918, pp. 115-116.

③ Ibid., p. 123.

国。"① 罗马尼亚政府因为英法舰队的行动而变得倾向于协约国，但仍在观望。俄国表示愿意提供全面的海军合作，并派陆军准备参加攻打君士坦丁堡的战斗。英国驻罗马尼亚首都布加勒斯特公使报告说，他确信意大利不久将加入协约国阵营，意大利期望在奥斯曼帝国被瓜分后获得亚得里亚海沿岸地区。英法舰队的行动对希腊政府的战争态度产生重要的影响。2月11日，希腊首相拒绝了英法提出的让希腊政府派1个陆军师参战的建议。在英法舰队初次进攻加里波利海峡后，希腊的态度发生了明显的变化。3月1日，英国驻希腊首都雅典的公使报告说希腊首相韦尼泽洛斯提出一个建议，希腊将派3个师组成的军团去加里波利半岛作战。但是在俄国的阻挠下希腊政府停止了这一计划。

英国国内开始围绕是否继续海军进攻和派陆军参加海峡攻势发生争执。丘吉尔要求卡登继续前进。费希尔对继续进攻表现出怀疑态度，1月他在无奈情况下勉强同意了海军进攻海峡的方案，但是态度变化莫测。基钦纳坚决支持丘吉尔的做法并决定派遣第29师到达达尼尔海峡执行作战任务。第29师将与从埃及调遣过来的新西兰、澳大利亚部队组成一支新的远征军，由伊恩·汉密尔顿将军指挥。

伊恩·斯坦迪什·蒙蒂思·汉密尔顿（Ian Standish Monteith Hamilton），1853年1月16日出生于科孚。1870年在切姆和威灵顿学院接受教育。1872年，汉密尔顿被陆军录取，和萨克福团一起在桑赫斯特军官学校参加短期培训。不到一年后，他于1873年11月转调到位于印度的第92高地联队，开始了他长达25年的海外服役生涯。他参加了1878年11月至1880年9月的第二次阿富汗战争，并赢得弗雷德里克·罗伯茨（Sir Frederick Sleigh Roberts）将军的注意。在汉密尔顿中尉带头发动的强烈请愿下，第92高地联队在1881年被调往南非参加第一次英布战争。1881年2月，汉密尔顿随科利将军参加了马朱巴山的战斗，战斗中他十分英勇，在27日一度被俘，并且左腕重伤。汉密尔顿因为这次的英勇表现被申请授予维多利亚十字勋章，但是因为过

---

① ［英］温斯顿·丘吉尔著：《第一次世界大战回忆录》第2卷，刘立译，海口：南方出版社，2008年版，第376页。

于年轻而未被批准。随后，他回国养伤，受到维多利亚女王的招待。在参谋学校进修之后，汉密尔顿接受了就任马德拉斯司令的弗雷德里克·罗伯茨勋爵的邀请，成为他的副官。随后他于1882年2月跟随罗伯茨回到印度，并晋升为上尉。在为罗伯茨撰写报告和演讲稿的工作中，汉密尔顿的文字功夫日趋熟练。1885年，出版了他的第一本书《未来的战斗》。这本书的思想被应用于在印度部队的训练中，尤其使部队的步枪射击水平获得了提升。汉密尔顿还出版了一本诗集，并为《马德拉斯邮报》撰写专栏文章。在文字中，他显示出一个思考者和理想主义者的特质。

1884年9月至1885年4月，汉密尔顿参加了为解救在喀土穆被围的戈登而从尼罗河南下的远征，负责指挥第1高地联队。这个由沃尔斯利发动的远征最后归于失败，但汉密尔顿却表现不俗并被提升为少校。之后，他返回印度参加了1885年11月到1886年1月的第三次缅甸战争。1887年6月，汉密尔顿晋升为中校。1891年，汉密尔顿晋升为上校。在罗伯茨离开印度之后，他在新总司令乔治·怀特的麾下担任军事助理。1895年8月，他被任命为驻印部队代理军需将军。两年后，他结识了温斯顿·丘吉尔并与之建立了深厚的友谊。同年，他在一次行动中被任命为旅长，率部获得进展，但不久因为堕马受伤而离职。1898年2月，汉密尔顿再次负责指挥一个旅参加了在印度西北部边界发动的蒂拉赫远征。1898年3月，他离开印度前往位于海斯的射击学校担任司令，但第二次英布战争再次改变了他的职务。

1899年10月，汉密尔顿前往南非，就任乔治·怀特爵士的纳塔尔部队的参谋长。10月21日的埃兰兹拉赫特之战中，他以少将军衔指挥第7步兵旅，取得巨大的成功并荣获维多利亚十字勋章。从1899年到1902年，汉密尔顿参加英布战争。1903年到1904年，他在英国国内任军需总监。1904年2月到1905年9月，他担任日俄战争期间英国军事观察团团长，随日军在中国东北观战，其后根据其考察情况出版著作《一个参谋军官的所见所闻》。1909年起任英国南部防区的司令官和陆军副官署署长。后在反对罗伯茨勋爵的征募计划中起到带头作用。1910年10月，他出任地中海英军总司令。1914年晋升上将。

1914年8月战争爆发后，他和约翰·弗伦奇争夺英国远征军总司令一职失败，转任英国本土陆军总司令，负责组织防御、扩充军备并转运往欧陆。1915年3月，基钦纳决定对加利波利发动一次海上攻击，控制达达尼尔海峡以进一步攻击君士坦丁堡。在丘吉尔的支持下，汉密尔顿出任英国地中海远征军总司令，指挥4月25日在加利波利的登陆作战。

法国为达达尼尔海峡战役新集结了一个步兵师，向爱琴海进发。英俄两国就海峡协议后，俄国决定等到英国和法国舰队攻入马尔马拉海后派遣一支军队参战，企图在不付出很大代价的情况下获取最大利益，但是没有成行。由于基钦纳的决定反复改变，造成第29军的出发时间受到耽搁。

（三）英法舰队的3月攻势

从3月2日到3月8日，英法舰队对达达尼尔海峡内层防线的奥斯曼帝国军队堡垒分别进行了三次持续攻击。海峡地区天气状况不好，不利于远程轰击。英国投入战场的水上飞机数量少，效率不高，不能很好进行侦察和炮火定位。舰队的炮火对奥斯曼帝国军队的打击有限。奥斯曼帝国军队的移动榴弹炮大规模炮轰英法舰队，而英法舰队由于舰炮射角问题，加上奥斯曼机动炮兵的打击，造成对奥斯曼军队的打击效果一般。3月2日到3日，英法舰队发动第一次攻击。以达达诺斯堡垒为炮击的主要对象。在奥斯曼军队榴弹炮的干扰下，英法舰队被迫不断移动转移，影响了射击精度。这造成炮击没有取得很好的成效，弹药消耗严重。3月4日登陆的部队遇到比2月份登陆部队强烈的多的抵抗，未能到达堡垒群，奥斯曼帝国军队在付出50人伤亡代价的情况下成功击退英军的登陆。英法舰队的扫雷工作遭到奥斯曼军队野战炮辅以探照灯精确指引的炮击，进展不顺利。英法的这次进攻没有取得很好的作战效果。

3月5日，舰队对海峡的狭窄段的堡垒实施非直接炮击（隔半岛射击）。有三架水上飞机和三艘战列舰提供定位和侦察服务。英国的水上飞机两架受损，只有一架完成了校正目标的任务。奥斯曼帝国军队的炮火对舰队造成的威胁有限。但是舰队的攻击也没有取得很好的效果，受到海军部节省弹药的指示，这次攻击草草收场。3月7日，舰队对海峡的狭窄处进行直接打击，但受暴雨的影响，加上云层较厚飞机无法准确观察，进攻效果不明显。攻势一直持续到12日，同时进行断断续续的炮击和试探性的扫雷作业。舰队尝试进行了几次扫雷工作，但在奥斯曼军队干扰下，扫雷行动成效一般。卡登在报告中解释他进行扫雷行动的种种困难。

英国海军部在经过和陆军部的争论后，决定把海军攻击行动进行到底。在给卡登的电报中，海军部告诉卡登让他下决心打通海峡，如果遭受惨重损失或者整个作战行动失败，责任将由海军部承担，让他全力去战斗。卡登因病将指挥权让给副官德·罗贝克中将，德·罗贝克劝说卡登留下，如果卡登放弃达达尼尔海峡战役的指挥官职务，就意味着他的军事生涯将结束。在接受医生检查后，卡登被告知他的精神处于崩溃状态，医生劝他回本土，德·罗贝克获得了舰队的指挥权，这就造成英国海军部与前线的联系和沟通出现很大问题。海军的进攻日益陷入困境，而海军陆战队在2月底的轻松上岸使得动用陆军的方案对海军部和半岛战场的指挥官很具诱惑力。卡登向英国海军部提供了不真实的信息。奥斯曼帝国军队当时在半岛不足2万人，且分布在半岛各处，弹药不足。卡登说奥斯曼军队大约有4万人，这个数字成为陆军部假设的工作基础。引发了陆军部和海军部的争论，动用陆军必须与坚持纯海军进攻进行比较、权衡利弊。3月13日，基钦纳代表陆军部回复海军部说目前不准备采取大规模的登陆作战行动。德·罗贝克中将在英国海军中享有盛誉，是一名出色的海军军官，他是能干的纪律执行者。但是他的训练和经验并不能使他有能力从更高的战略与战术角度思考问题。他对事业的信心源自他的性格。但是德·罗贝克在战斗过程中决策的多变使得英法海军丧失了海上进攻的战机，而不得不选择伤亡代价大的陆军作战。

3月8日，在海峡内部一片已经被英国扫雷艇清扫过水雷的水域，奥斯曼帝国海军布雷艇"努斯雷特"号逃过几艘英国海军驱逐舰的监视，偷偷钻进已经被清除了水雷的区域，沿着一条与岸边平行的线上布下20颗水雷,并成功撤离。

3月18日,天气好转,协约国舰队发动进攻,目标是攻占海峡的狭窄处。德·罗贝克的计划是同时制服守卫狭窄段的堡垒和保护雷区的炮群。英国依靠水上飞机的侦察确定水域是否有水雷,但是飞机并不能准确侦察到位,给舰队很大误导,加上扫雷船的数量与效率达不到要求以及舰队的疏忽,使得3月18日的进攻遭受重大挫折。

3月18日,汉密尔顿到达北地中海,在他到达后的几个小时,德·罗贝克发动海上进攻。这天早晨,德·罗贝克指挥有12艘战列舰组成的舰队进入海峡。在舰队的最前头并排航行的是英国海军的4艘战列舰,在它们身后一英里处是由法国舰队司令指挥的4艘法国战列舰,它们接受英国海军司令的总指挥。另有英国海军4艘战列舰守护着这两组战列舰的侧翼,余下的4艘军舰在海峡入口处等待作战命令。奥斯曼帝国军队有几门能够击穿战列舰装甲的重型大炮,布置在海峡北面10英里外的纳罗斯(Narrows),该地方航道宽度为1英里。德·罗贝克认为如果能够把这些重型大炮打哑,并且清除纳罗斯航道水下的水雷,肯定能够抵达马尔马拉海。

英法舰队进入海峡,战列舰上的大炮已经能够轰击到纳罗斯的奥斯曼军队炮台,德·罗贝克命令舰队停下。此时,舰队处于奥斯曼军队重型大炮的射程之外,虽说能被一些轻型炮弹击中,但损失不大。4艘战列舰朝奥斯曼帝国军队阵地猛轰了半个小时。然后,德·罗贝克命令法国舰队开始第二阶段的攻击,法国舰队航行到英国舰队的北面,开始向奥斯曼帝国军队的阵地轰击,同时它们也遭受奥斯曼军队的炮击。战斗进行了两个小时,奥斯曼帝国军队炮火频率减少,准确性降低,罗贝克命令法国舰队向南撤,让没有进行过炮击的军舰向前开始作战,战斗至此进展顺利。

法国军舰向右舷做U形转弯,排成一行向背后航行。其中的第二艘军舰"布维(Bouvet)"号军舰触雷爆炸沉没,舰上600名船员除个别人被救下外,其余牺牲。剩下的3艘法国军舰完成后撤,6艘参加战斗的英国军舰取代了法国军舰的位置,这6艘军舰靠更北的位置航行,继续炮轰2个小时。傍晚,奥斯曼帝国军队在纳罗斯的炮火停止射击。

德·罗贝克下令进入下一个阶段作战,让扫雷艇开始扫雷行动。英军使用拖网渔船改造成的扫雷艇作业,受到奥斯曼军队榴弹炮的打击。扫雷部队在没有取得很好战果的情况下被迫狼狈撤退。不久后,英国的"不屈(Inflexible)"号战列舰被水雷击中,开始撤出海峡。英国的"不可抵抗"号也被水雷击中,受损严重,德·罗贝克命令一艘驱逐舰去拯救船员。战场陷入混乱,德·罗贝克命令战列舰撤退,让驱逐舰再次进入海峡,拖"不可抵抗"号到安全海域,如果拖不成功,就击沉它,不能落入奥斯曼帝国军队手中。"不可抵抗"号最终沉没。

英法舰队的进攻因为遭到奥斯曼帝国海军水雷和榴弹炮的打击,造成巨大损失,3艘战列舰沉没,4艘战列舰严重受伤,法军伤亡620人,英国损失47人。奥斯曼帝国方面有40人死亡,72人受伤。[①]德·罗贝克担心会因此被免职。费希尔和丘吉尔表示要作战到底。战时会议授权德·罗贝克如果他认为合适,海军可以继续向达达尼尔海峡区域的敌军发动进攻。[②]丘吉尔通知德·罗贝克有4艘战列舰和1艘替代"布维"号的军舰正赶来作战。扫雷艇的问题也得到迅速解决:拉网渔船被驱逐舰取代,驱逐舰比较适合扫雷作战。德·罗贝克信心恢复,发电报回英国报告自己渴望回到海峡坚决完成任务的决心。他想在几天后发动第二次进攻。因为他相信能够扫除剩余的水雷,突破奥斯曼帝国军队的最后一道防线。在伦敦,丘吉尔赞赏他的做法,支持再发动一次海军攻势。费希尔也表示赞许。但是,德·罗贝克改变了想法。他认为除非立即获得陆军的协助,他反对重新发动攻势。[③]这时候他担任海峡前线的指挥官,他的想法直接影响到英国陆军部对战争策略的想法。陆军部认为,下一阶段的进攻应由陆军而非海军来完成。这种意见得到了战争委员会的大力支持。战争委员会给出的理由是,陆军可以登上加里波利半岛,从爱琴海沿岸推进到马尔马拉海沿

[①] G. S. Patton, The Defense of Gallipoli: A General Staff Study, p.5, http: //www.Pattonhq. Compdffilesgallipoli.

[②] [英]温斯顿·丘吉尔著:《第一次世界大战回忆录》第2卷,刘立译,海口:南方出版社,2008年版,第397页。

[③] [英]李德·哈特著:《第一次世界大战史》,林光余译,上海:上海人民出版社,2010年版,第131页。

63

岸。他们推进时，可以破坏奥斯曼帝国军队面向航道构筑的防线。只有在这些防线被破坏后，海军才能在免遭未被扫除的水雷阵的拦截以及加里波利半岛上奥斯曼帝国炮兵的打击驶入马尔马拉海。①

汉密尔顿在观察实际战况后表示战局不乐观。他说："我最不愿意现在就得出一个结论，用战舰征服达达尼尔海峡已经不像过去那样有可能。不过，如果让步兵参战，其作用将不应该像过去预想的那样是辅助性的。"他认为，步兵很可能变得必不可少，而且需要大规模的步兵参战。他认为必须派一支部队登陆，他说："必须深思熟虑地策划一次军事行动，尽全力实施，才有可能为海军打开一条通道。"基钦纳同意汉密尔顿的看法。3月19日，他表示海峡通道必须夺取，如果需要大量的军队占领加里波利半岛为海军扫清道路，那么就必须深入考虑当地的防卫情况。②

3月22日，德·罗贝克在损失7艘军舰的第4天，态度发生变化。他也更倾向于汉密尔顿的看法。他向伦敦报告说，他自己现在也怀疑仅用他的战舰就能控制海峡，他的报告使海军和陆军的参谋人员发生分歧。但是，英国当局没有建议他停止行动。因为行动的回报太诱惑了：如果能迫使奥斯曼帝国退出战争，那么保加利亚、希腊、罗马尼亚将加入协约国阵营。丘吉尔坚决要求恢复海上攻击。他草拟了一份电报发给德·罗贝克，电报要求德·罗贝克一有机会就必须将舰队开进达达尼尔海峡继续作战。他把电文给海军部审阅，但包括费希尔在内的很多人拒绝签注。他们告诉丘吉尔，伦敦不可能坚持实施一个连其负责该舰队的司令官都不支持的行动计划，这样的举动不可想象。丘吉尔再次试图让罗贝克改变主意，但罗贝克因他的参谋人员争论不休而没有改变主意。首相阿斯奎斯认同丘吉尔的看法，但是他无法让费希尔和其他海军高级将领收回成命。基钦纳同意恢复海军进攻。但是，费希尔不同意。费希尔表示他之前之所以执行这个计划是因为这

---

① ［英］马丁·吉尔伯特著：《20世纪世界史》第一卷（上），中国社会科学院世界历史研究所译，西安：陕西师范大学出版社，2001年版，第403页。

② G. S. Patton, The Defense of Gallipoli: A General Staff Study, p.6, http://www.Pattonhq.Compdffilesgallipoli.

个计划得到战地指挥官的支持和推荐。但德·罗贝克和汉密尔顿决定采取海陆联合行动，他只能接受他们的观点，等到4月14日以后发起联合作战。① 最后，丘吉尔不得不屈服。

如果罗贝克立刻返回海峡，他完全有可能成功。但是他没有这么做。这一点让奥斯曼帝国和德国人相当吃惊，他们正希望罗贝克赶快走。虽然奥斯曼帝国军队的大部分炮火还能工作，布置在纳罗斯的几门遭到严重破坏的重炮也被修理好，但是弹药的库存低到危险的程度（英国人知道这个事实），而且补给非常困难。在整个海峡战区，奥斯曼帝国军队只有不到30枚穿甲弹，水雷也用尽了。君士坦丁堡的官僚们正向城外搬家，政府正准备逃跑。奥斯曼帝国和德国方面以为英法舰队在3月19日会继续发动进攻，紧张情绪在奥斯曼帝国国内持续了好几周。大部分的奥斯曼帝国和德国军官认为英法舰队的再次进攻会成功。② 奥斯曼帝国军队指挥官莫顿将军表示，"我已经预感到英军会在次日重新来进攻，我已经做好了撤往安纳托利亚的准备，没有想到他们没有过来"。③

英国政府决定放弃海上进攻，采用海陆联合登陆作战，英法舰队发动的海上攻势结束。

3月18日海军进攻失利后，英国政府经过反复讨论，决定放弃单纯依靠海军突破海峡的作战计划，而决定采用海陆联合登陆作战。

基钦纳决策混乱，对于派驻防英国本土的第29师到海峡作战问题的想法反复变化，造成该师的出发时间被拖延。此外，第29师的运输保障也出现了大量问题。英国事前没有考虑摩德罗斯港的容量，它难以满足大量人员和牲口吃饭、饲养和用水的需要，加上港口吞吐能力有限，难以容纳整个部队。

第29师的出发受到耽误加上运输上的问题，严重影响了部队战斗

---

① ［英］温斯顿·丘吉尔著：《第一次世界大战回忆录》第2卷，刘立译，海口：南方出版社，2008年版，第399页。

② Henry Morgenthau, *Ambassador Morgenthau's Story*, New York: Doubleday Page & Company, p. 140.

③ GallIipoli's Deep Secrets, National Geographic Channel, http://www.natgeo.com.cn/programme/ 2010-12-14.

效能的发挥。运输的混乱使部队到达战场后不能马上投入战斗。第29师分别乘坐22艘运输船，弹药集中在一艘船上，运输车辆集中在另一艘船上，马具集中在第三艘船上，机枪放在船舱的底层。在投入战斗前，必须首先寻找平静的水面或码头利用小船上岸，然后重新编队，按战斗序列组织起来。但摩德罗斯港不具备这样的设施。因此，需要到埃及的亚历山大港重新装船。各种供给物资分散在地中海各处，医疗设施和工作人员也没有准备好。而其他的军队都缺乏战斗经验。汉密尔顿决定先把运兵舰开向埃及，在那里卸兵，然后再以合适的方式重新运兵到目的地。但这一决策使得英法军队在关键时刻推迟了进攻，给陷入物资短缺的奥斯曼帝国军队以喘息之机，奥斯曼军队迅速进行物资补充，并加强了阵地的防御。在敌方炮火下进行登陆作战的准备工作需要有高度精密的组织。但协约国军队远远达不到这样的要求。实施宏大的登陆计划还需要一定比例的正规军参战。但第29师的出发时间被耽误加上运输问题，就是到了也不能马上投入战斗。3月22日英国远征军前线会议作出了两个重要决定：1.放弃海军进攻以利于陆军全面进攻；2.陆军应撤回亚历山大做好进攻的准备工作。24日，奥斯曼帝国政府的掌权者恩维尔帕夏把守卫加里波利半岛的奥斯曼帝国军队的全部指挥权授予德国驻奥斯曼军事顾问团团长桑德斯将军。

桑德斯全名是奥托·里曼·冯·桑德斯，1855年出生于普鲁士的波美拉尼亚，有担任卫兵的经历。曾服役于德军第115步兵团，后转行骑兵。先后担任德军第15骑兵旅少将旅长，1911年担任德军第22步兵师中将师长。1913年德皇威廉二世任命桑德斯为德国驻奥斯曼帝国军事顾问团团长，被派往奥斯曼帝国帮助奥斯曼帝国进行陆军改革。1914年1月，作为奥斯曼帝国军队巡视官帮助提升其军队的作战效率。同年8月，桑德斯被奥斯曼帝国政府任命为防卫博斯普鲁斯海峡的奥斯曼第一集团军指挥官。1915年3月，他被任命为保卫加里波利半岛的帝国第5集团军指挥官。

在桑德斯的回忆中，他说3月26日以前马尔马拉海两侧分布5个师，他改变了这种部署，因为这样无法防御敌人大规模的军事进攻。而英国舰队在一个多月的时间内没有发动任何攻势，其陆军因为拖延直到4月25日才发动攻势。[①]

英法舰队3月18日攻势受挫后，奥斯曼帝国方面的弹药明显不足。当时，由于保加利亚和罗马尼亚保持中立，塞尔维亚与奥斯曼帝国和德国是敌对关系，德国不能通过这些地方给与奥斯曼帝国很多的援助，一些军事物资只能靠走私的方式到达奥斯曼帝国，德国军事人员靠化妆穿越巴尔干地区的中立国。

当时防卫亚洲海岸的炮台仅有7发炮弹，防守欧洲海岸的炮台仅有10发炮弹。很多奥斯曼帝国指挥官已经做好了逃往安纳托利亚高原的准备。[②] 桑德斯认为，英军没有发动海上进攻的原因是正在准备登陆战。他在查看奥斯曼帝国军队的防御状况后说道："但愿英国人能给他8天时间！"[③] 而英国人给了他4周时间。他充分利用英国人给他的分分秒秒，调遣部队，修建堡垒，改善半岛上破旧的道路。此时，奥斯曼军队的运输面临很大的困难，半岛上的交通状况落后，机动车辆无法通行，奥斯曼军队被迫使用大量的畜力运输作战物资。[④] 水路运输也受到英法潜艇的威胁。半岛上修建防御工事的工具材料严重短缺，只能到半岛上的野地和村庄找。

奥斯曼帝国军队的兵工厂集中于伊斯坦布尔，但产能有限。加上中立国不让德国的援助过境，造成奥斯曼帝国军队的炮弹严重短缺。为解决这个问题，德国海军帮助奥斯曼帝国在伊斯坦布尔重新修建了1家炮弹厂，但由于机器和材料的短缺，产量上不去。[⑤] 为最大限度地提升军队的战斗力，奥斯曼军队从国家博物馆中把用于展览的旧式大炮拉出来继续使用，很多大炮经常出现炸膛的情况，产生的浓烟经常吸引敌人的炮火打击。

桑德斯认为战役取胜的关键在于能够快速调动兵力到达登陆点，

[①] ［英］温斯顿·丘吉尔著：《第一次世界大战回忆录》第2卷，刘立译，海口：南方出版社，2008年版，第407页。

[②] Henry Morgenthau, *Ambassador Morgenthau's Story*, New York: Doubleday Page & Company, 1918, p. 141.

[③] Liman von Sanders, *Five Years in Turkey*, East Sussex: The Naval & Military Press, 2012, p. 58.

[④] Ibid., p. 61.

[⑤] Ibid., p. 75.

这些需要持续的训练才能做到。他组织部队进行了好几次军事演练。英国4月25日重新发动进攻以前，在桑德斯指导下，奥斯曼帝国在加里波利半岛的防卫工作迅速开展。奥斯曼帝国政府调集在恰纳克城由土耳其人、希腊人、亚美尼亚人和犹太人组成的劳工队伍来到前线，加固半岛上的防备工作。德国派50名军事顾问团官员到半岛帮助奥斯曼帝国军队完善防卫工作。半岛上奥斯曼帝国军队新增的6个师中的2个师由德国军官直接指挥。桑德斯上任后指挥奥斯曼帝国军队在半岛上修筑带掩体的炮台、掩蔽所、战壕、指挥所、观察所。在协约国进攻拖延的时候，奥斯曼帝国军队在德国教官的指挥下强有力地组织增援部队、加强攻势、布置新的鱼雷管、安放新的水雷、配置新的大炮。德国从本土派出潜艇赶往前线增援。双方第二阶段的大战一触即发。

二、英法军队海陆联合登陆作战阶段

（一）英法军队从4月到7月的攻势

汉密尔顿制订的作战计划是兵分两路合击半岛南部。第一路由第29师在海勒斯角附近5处不同地点同时登陆，向北推进，占领扼守半岛南部的高地，英军占领高地后就可以控制达达尼尔海峡的狭窄处。第二路由澳大利亚和新西兰军团在加巴山附近登陆，向东进军，占领达达尼尔海峡西海岸的迈多斯。切断半岛奥斯曼军队南北的联系。除这两路主攻之外，法军将在亚洲海岸登陆，以暂时牵制敌人。英国皇家海军陆战师运输船只由战舰护送在萨罗斯湾的布莱尔地峡进行佯攻登陆。

桑德斯指挥的奥斯曼帝国军队有6个师大约8.4万人。他认为英法军队可能登陆的地点有4个：1.亚州海岸的库姆卡莱，这一地区地形平坦，便于部队展开；2.海勒斯角，从这一地区登陆后敌人可以在舰炮的三面掩护下沿山坡向半岛北部推进，占领半岛的制高点阿齐巴巴；3.加巴山两岸的低地，这一地区地势自西向东起伏较小，敌人从这一地区登陆后，可以向东占领海峡附近的迈多斯城，控制加巴山两侧的奥斯曼帝国军队炮台；4. 布莱地峡，该地区是加里波利半岛最狭窄的部分，敌人占领该地区可以掐断半岛的补给。因此，桑德斯将其指挥的6个师中的2个用于防守亚洲海岸，2个被放置于布莱尔地峡附近，2个师部署到半岛南部。[1] 他用少量兵力在敌人可能登陆的海滩设置了防卫点，让这些部队利用有利地形优势尽可能地拖住敌人，将主力部队集中配置于迈多斯、布莱和亚洲海岸的库姆卡莱，通过提升半岛交通保持半岛上兵力的机动性，通过反击将敌人赶下海。他认为这是依靠薄弱兵力赢得战争的关键。

在8月苏弗拉湾攻势开始以前，双方的作战主要围绕澳新军团湾、海勒斯角和克里希亚展开。

协约国军队佯攻作战

4月24日黄昏，协约国军队出动11艘运输舰向萨罗斯湾进发。由英国海军陆战师承担作战任务，并于后半夜出动一部分小艇登岸，发射信号弹，在完成佯攻任务后返回。

亚洲海岸的佯攻战斗由法国师承担，以牵制奥斯曼军队。法军在亚洲海岸的库姆卡莱登陆后，对奥斯曼军队发动了攻击，并取得了一定的战果，俘虏了很多奥斯曼士兵，之后主动退出战斗。[2] 此次军事行动的另外一个目的是摧毁奥斯曼帝国军队在库姆卡莱的要塞，防止其从海峡对岸用炮火打击在海勒斯角登陆的英军。但在法军从库姆卡莱撤退后，奥斯曼帝国军队又可以从该地对在海勒斯角作战的英法军队实施炮火打击。

安萨克湾战线的主要战斗

澳新军团的计划登陆点是加巴山丘处的海滩。这一地区形势较为平坦，在此登陆后向东推进可以很快抵达达达尼尔海峡西海岸的迈多斯，控制海峡。英军的飞机侦察没有发现此处的奥斯曼军队。奥斯曼军队距离此地最近的增援部队是凯末尔指挥的奥斯曼军第19师，该师抵达澳新军团登陆地需要一天的路程。

---

[1] Liman von Sanders, *Five Years in Turkey*, East Sussex: The Naval & Military Press, 2012, pp. 60-61.

[2] Matthew Hughes, "The French Army at Gallipoli", *The RUSI Journal*, Vol. 150, No. 3, Jun 2005, p. 64.

4月25日凌晨,澳新军团计划在加巴山附近登陆上岸,由于黑夜和海潮的作用,登陆位置发生了偏离,在加巴山以北一英里处上岸。与加巴山的地形相比,该地区地形比较崎岖,有险峻的悬崖环绕,悬崖并连接覆盖着灌木丛的陡峭峡谷。地形地貌十分复杂,有深沟从萨里拜尔向四面延伸。防守的奥斯曼军队数量很少,他们在此地的登陆没有遇到很大的抵抗力量。1.2万名澳新军团士兵在不到12小时的时间里全部登陆,先头部队开始向面前的山峰前进,由于沿途防守的敌军数量少,澳新军团迅速推进到朱努克山附近,该地地势高,可以俯视海峡和爱琴海,地理位置重要。

但是登陆的偏差拉大了澳新军团进攻与第29师在海勒斯角进攻之间的距离。[①] 澳新军团第一波登陆部队秩序混乱。第二波登陆部队顺利登陆。澳新军团登陆部队向内陆推进了1英里。

对于当时的作战情形,澳新军团澳军第10营的一名士兵阿尔弗雷德·佩里回忆道:

由于小艇承载的人太多,在4或5英尺水深处搁浅了。我们爬下小艇,挣扎着向岸边走去。我们冲到海滩,躲在沙丘后面。"请帮我取下背包,然后我帮你取下!"我们相互帮助把因浸了水而变得沉重的背包取下。"快点!"军士命令道。"上刺刀!"咔嚓!刺刀上好了。"前进!"我们开始爬前面的小山。爬呀,爬呀,我们不断被脚下的窟窿和沟槽绊倒。我们抓住树根和树枝向陡峭的山顶发动冲锋,嘴里还高呼着口号;我们偶尔还需要刺刀挖落脚点。到了山顶,我们没有发现敌人的踪迹。[②]

4月25日下午,驻守在丘纳克贝尔峰的奥斯曼帝国军队因为弹药用尽撤退到远处的一座山坡,澳新军队试图拿下峰顶。澳新军团部分前锋部队穿越半岛腹部,站在高处可以看到达达尼尔海峡的波光。但是他们没有进一步推进,错过了占领半岛制高点丘纳克贝尔峰的最好

[①] [英]温斯顿·丘吉尔著:《第一次世界大战回忆录》第2卷,刘立译,海口:南方出版社,2008年版,第431页。

[②] [英]彼得·哈特著:《世界大战1914—1918:一战中的关键战役和重要战场》,何卫宁译,北京:新华出版社,2014年版,第131页。

时机。距离澳新军团登陆地最近的是奥斯曼帝国军官穆罕默德·萨菲克·阿克尔（Mehmet Şefik Aker）中校指挥的第27团。

对于当时澳新军团的推进，萨菲克表示：

我们猜测敌人正缓慢地、谨慎地向前推进，目的是攻占我们控制的从朱努克山至加巴土丘之间的山梁。我们的任务是击退敌人的进攻，完成这个任务是我们的道德义务。我们有2000名战士，所以迹象表明敌人的兵力是我们的4倍或5倍——甚至更多。我们必须阻止敌人占领朱努克山①至加巴土丘之间的山梁，等待第19师前来驰援。②

当时，澳新军团先后有8000人登陆成功。最接近他们的奥斯曼军队是位于他们南边一英里处的一个奥斯曼军连队。此时，凯末尔指挥的总预备队（8个步兵营和3个炮兵连）距离他们还有很远的距离。澳新军团的无所作为给凯末尔阻击他们进军创造了良机。在得知敌军登陆后，桑德斯命令凯末尔快速支援。

凯末尔全名穆斯塔法·凯末尔（Mustafa Kemal）原名穆斯塔法，1881年出生于奥斯曼帝国在巴尔干半岛的领地萨洛尼卡市（今希腊共和国境内）的一个木材商家庭。1887年先后就读于法特玛太区立小学和沙姆西先生小学。1893年转入萨洛尼卡幼年学校，学习成绩优异。因与一位老师同名，被该老师命名为凯末尔，凯末尔在土耳其语中意思为"完美、完善、聪颖"。1895年升入玛纳斯提军事预备学校。1899年进入了伊斯坦布尔的军官学校学习，1902年进入奥斯曼帝国步兵参谋学院学习，学习成绩优异。19世纪末到20世纪初，奥斯曼帝国继续衰落，沦为西方列强的半殖民地。素丹阿卜杜勒·哈米德二世（II. AbdülHamid）对内实行专制统治，其进行的现代化改革没有扭转帝国的危局。青年时代的凯末尔就怀着一颗报国之心，帝国的危局唤醒了凯末尔的爱国主义意识。凯末尔在接受军事教育的同时积极在军队中开展政治活动。他广泛阅读伏尔泰、卢梭、孟德斯鸠等法国启蒙学者的著作和奥斯曼帝国大诗人纳米克·凯马尔的爱国诗篇，对哈米

---

① 朱努克山即查纳克拜尔山（Chunuk Bair）。
② ［英］彼得·哈特著：《世界大战1914—1918：一战中的关键战役和重要战场》，何卫宁译，北京：新华出版社，2014年版，第131页。

德二世的专制统治和奥斯曼帝国的落后局面有着进一步的认识。1905年从步兵参谋学院毕业,被授予上尉军衔,成为一名奥斯曼帝国军队军官。之后,凯末尔积极投身到青年土耳其革命活动中去。在军队中,凯末尔因参与反政府的活动被逮捕并监禁3个月。1906年,被哈米德二世放逐到大马士革的奥斯曼帝国第五军团服役。凯末尔积极在叙利亚开展革命活动,在大马士革组织建立了"祖国与自由协会"的秘密组织,并同活跃在马其顿的青年土耳其党取得了联系。1907年,凯末尔秘密回到马其顿,建立"祖国与自由协会"分会,发展革命人士。1907年9月,他又被调往驻马其顿的奥斯曼帝国第三军团服役。1907年,凯末尔将"祖国与自由协会"和青年土耳其党合并,成为青年土耳其党的成员,并参加了青年土耳其党人领导的1908年革命,凯末尔在革命中发挥了重要作用。在革命中,凯末尔协助马赫穆德·谢夫凯将军成功粉碎哈米德二世发动的反革命复辟,捍卫了革命成果。革命胜利后,凯末尔因为批评当局而被排挤。凯末尔遭受排挤的原因有两点:第一,青年土耳其党领导人恩维尔帕夏的嫉妒;第二,凯末尔与青年土耳其党领导政见不和。凯末尔批评青年土耳其党领导人的革命保守性,不愿意深入革命,进行根本的政治变革。凯末尔主张军政分离,这些都与青年土耳其党领导人的观点不同。在保加利亚期间,凯末尔对世界上最先进的军事理论和军事技术进行了研究,提高了自身的军事素养。1912年,凯末尔参加奥斯曼帝国与意大利在的黎波里塔尼亚(今利比亚国境内)进行的战争。他在反抗意大利侵略的过程中,发挥了杰出的领导才能,使意大利在利比亚多次遭受挫败,因为第一次巴尔干战争的爆发,奥斯曼帝国才被迫与意大利讲和,战后凯末尔晋升为少校。1912年10月到1913年5月,他调任奥斯曼帝国驻保加利亚大使馆武官,晋升为中校。

  一战爆发后,凯末尔反对奥斯曼帝国和德国结盟,参加一战,认为帝国应该保持中立。但是他的建议没有被恩维尔采纳。但作为军人,凯末尔选择为祖国而战,被任命为新编第19师师长。[①]

[①] 彭树智:《东方民族主义思潮》,北京:人民出版社,2013年版,第192—195页。

凯末尔率领奥斯曼军一个连的兵力急行军至查纳克拜尔山的大分岔岭，越过山顶，挡住了从西边陡峭处爬上来的澳新军团前锋部队。凯末尔指挥500士兵阻挡了澳新军团8000人进攻。在战斗过程中，凯末尔表现出极其顽强的斗志和杰出的指挥才能。在训斥从查纳克拜尔山撤退的士兵时，凯末尔说："如果你们的弹药用光了，至少你们还有刺刀。"他命令士兵准备反击，打退敌人。在向澳新军团发动进攻的过程中，凯末尔说道："我不是让你们去战斗，而是让你们去战死，等你们都战死了，我会补上去。"凯末尔在战斗过程中始终和部队紧密地接触，指挥战斗。凯末尔后来回忆道："当土耳其军队就地卧倒并在山峰上构筑工事时，下方的澳大利亚军队看到后也卧倒了。"据澳军上尉塔塔克后来回忆："他看到一位土耳其军官站在离他不到1000码的一棵树下发号施令。我朝他开枪射击，但是未打中。那位土耳其军官根本没有动。"[1] 当凯末尔到背面的山坡上寻找更多的军队前来增援时，澳军继续向上进攻。当凯末尔率领400人赶回山峰时，发现澳军距峰顶已经不到400码，还在继续往上爬，凯末尔命令部下把大炮搬上山顶进行轰击，有效地打击了澳军。462年前的1453年，奥斯曼帝国素丹穆罕默德二世在攻打拜占庭帝国都城君士坦丁堡时，采取大胆的战术，命令士兵把战船从陆地上翻越山坡滑入金角湾，对改变战局起到了决定性作用，此战成就了默罕默德二世的千古伟业，而凯末尔阻击澳新军团的进攻则是其英雄壮举的开幕。不同的是穆罕默德二世将奥斯曼帝国带入巅峰，而凯末尔则是为拯救民族而战。

当发现奥斯曼军队在山顶兵力越来越多时，澳军一名士兵被派回求援。这名士兵在低处的山坡上发现一支澳军，他们正在抽烟休息，好像是在郊游。他向他们介绍了峰顶的情况，说大批的奥斯曼军队援军已经赶到。澳军反应是"我做梦也想不到他们会回来"。朱努克山的战斗越来越激烈。一个土耳其团和两个阿拉伯团投入了战斗。澳军被赶下山峰，并被步枪和大炮的火力压制在距峰顶很远的一处山坡上。

---

[1] ［英］马丁·吉尔伯特著：《20世纪世界史》第一卷（上），中国社会科学院世界历史研究所译，西安：陕西师范大学出版社，2001年版，第405页。

有位澳军士兵回忆道："没有休息的时间，没有片刻的安宁。正在腐烂的尸体躺在我们周围。从黎明开始，在漫长的一天中，战斗没有片刻停顿。我们是多么渴望黄昏来临啊！我们是多么向往夜幕降临啊！"[1]

等到6个营共计5000人的援兵到达后，奥斯曼军队发动反攻并将澳新军团打退，但没有突破其防线。他们没有力量把澳新军队从岩石后面的躲藏处赶走，或者把他们赶下海滩。最终将澳新军团压缩到一片狭小的区域内。双方共伤亡2000人左右，并在海岸附近地区形成僵持局面。澳新军团士兵由于第一次参与战争，缺乏战斗经验，士气受到严重打击。随后有15000名士兵上岸，但是前线能够展开的兵力有限。海滩上挤满了无人领导的士兵。伯德伍德向汉密尔顿打报告称，下级军官们要求撤退上船。汉密尔顿要求伯德伍德指挥登陆士兵挖战壕，守住防线。[2] 在澳新军团修筑和整补自身防线的同时，奥斯曼军队也在构筑自己的防线。澳新军团被困在狭小范围之内，奥斯曼军队可以从崖顶上居高临下，俯瞰澳新军团的行动。

5月19日，奥斯曼军队对安萨克湾沿岸的澳新军团发动了大规模的进攻，企图把澳新军团赶下海，但被澳新军团击退。双方的前线被尸体堆满。5月24日双方达成临时停火协议，掩埋死尸和收集伤员。此战表明，澳新军团在安萨克湾的防守十分牢固，如果没有重型大炮和足够的弹药，对防线进行进攻无法成功。奥斯曼军因为缺乏火炮和弹药，无法击破澳新军团守卫的战壕。澳新军团因为得不到海军的炮火支援，加上奥斯曼军队已经占据有利的地形，也不再向奥斯曼军队贸然发动进攻，双方的作战形式发生了变化。坑道突袭和狙击战成为主要作战形式。

汉密尔顿将两个战斗力较弱的师留在前线，将其余的两个师撤下来支援海勒斯角的作战。[3] 最终，双方在安萨克湾附近的海岸地区陷入

---

[1] ［英］马丁·吉尔伯特著：《20世纪世界史》第一卷（上），中国社会科学院世界历史研究所译，西安：陕西师范大学出版社，2001年版，第405页。

[2] Nathan Wise, "Dig, Dig, Dig, Until You are Safe: Constructing the Australian Trenches on Gallipoli", *First World War Studies*, Vol. 3, No. 1, March 2012, p. 52.

[3] ［英］温斯顿·丘吉尔著：《第一次世界大战回忆录》第2卷，刘立译，海口：南方出版社，2008年版，第472页。

相持的僵局之中，没有发生大规模的战斗，直到8月澳新军团为配合在苏弗拉湾登陆战而发起新攻势。

海勒斯角战线主要战斗

根据汉密尔顿的作战计划，英军第29师将从海勒斯角的5个海滩登陆，这5个海滩分别是Y海滩、X海滩、W海滩、V海滩和S海滩。1915年4月25日，[①]英军选择在海勒斯角的海滩和安萨克湾登陆，并在布莱尔湾、亚洲海岸进行伴攻作战。此次登陆作战是世界战争史上有史以来最大规模的海陆两栖登陆行动，登陆部队共出动军队7.5万人，200艘运输船、18艘战列舰、12艘巡洋舰、29艘驱逐舰。此时，桑德斯在海勒斯角的驻军不多，英军与奥斯曼军队的兵力对比是6比1。奥斯曼军队在W海滩和V海滩进行了重点的布防，英军在此登陆遭受了很大的损失，在Y海滩、X海滩和S海滩登陆的英军顺利上岸。英军登陆后并没有对奥斯曼军的阵地发动进攻，而是选择原地待命。这给桑德斯调兵南下增援创造了条件。

Y海滩战斗

在Y海滩登陆的部队包括两个营，登陆目的是威胁敌人后方。英军在Y海滩浪费掉太多的机会。Y海滩位于半岛尖端以北3英里，英军2000人在无抵抗的环境下安全登陆。在登陆后，他们有11个小时没有遭到敌军的攻击。他们的实力与阿齐巴巴以南所有奥斯曼军队相当。但在4月25日一整天，英军并未扩大最初的战果。Y海滩指挥官马修斯上校（Colonel Matthews）要等待进一步命令才愿继续行动。成群的士兵坐在悬崖边上无所事事。一直到黄昏前，他们才打算挖战壕。夜间，英军击退了奥斯曼军队的一连串进攻。但是奥斯曼军整夜的进攻造成了英军相当的损失与混乱，恐慌四起。英军连续向外海船舰发出最危险的增援信号，许多散兵都退到海滩边，蜂拥挤上载运伤兵的小艇。在奥斯曼军队完成撤退后，英军的混乱和不安也没有得到改善。由于汉密尔顿把登陆作战任务授权给第29师师长韦斯顿执行，他给与韦斯顿的多为建议，而自身不愿意介入任务执行。4月26日上午9时21

[①] 汉密尔顿原来计划在4月23日登陆，因为天气原因改在25日登陆。

分他向韦斯顿发出信号，希望增加一些兵力并在Y海滩登陆。而韦斯顿对此没有给与回应。[①] 而马修斯和韦斯顿之间的沟通也出现了重大问题。马修斯看到他的紧急增援要求没有得到回应便下令撤军。4月26日11时30分，所有的英军登船离开Y海滩。英军的撤离产生了不良的影响。

马修斯的行动和懈怠，与他上司韦斯顿对他彻底不闻不问有一定关系。马修斯和他的部队在Y海滩的29个小时内，师部对他未发任何指示，也没有派遣任何军官去看他，或者对他的紧急请求有所回应。4月26日清晨，当汉密尔顿再次介入，建议以一个法军旅（包括6个营）增援Y海滩战斗时，韦斯顿根本不予考虑而将军队援派至W海滩战场。英国国家战史中对于Y海滩战斗作了以下评论："汉密尔顿爵士决定投下部队登陆Y海滩，似乎掌握了整体情势的关键……战争确实可能发生任何状况。4月25日晨，如果登陆部队从Y海滩出发，进行大胆的攻势，当天早上必然占据半岛南边的海滩，进而使第29师取得重大胜利。"[②]

X海滩战斗

从X海滩登陆的部队乘坐登陆艇绕过半岛尖端西侧，顺利地在一处低垂的悬崖上岸并占领了泰凯角上方的高地。他们没有遭受任何伤亡，还与W海滩的登陆部队取得了联系。奥斯曼一方完全没有料到联军会在此处登陆，只派了12名步哨守在该处。英军第87旅剩下的两营于25日上午9时安全登陆X滩。他们被指定为师预备队。该旅旅长对于他们被当作预备队使用不满。于是，他作战消极，除了掘壕固守，一切都要等接到韦斯顿师长的指示再作打算。但是韦斯顿并无指示，所以这部分兵力在X海滩始终消极待命，无所作为。

W海滩战斗

W海岸位于X海滩东边附近，该处是奥斯曼军重点守卫的区域。他们在该处布下了铁丝网与机枪，英军在此处的登陆遭到重大损失，

[①] ［英］李德·哈特著：《第一次世界大战战史》，林光余译，上海：上海人民出版社，2010年版，第166页。

[②] 同上，第167页。

在付出很大代价的情况下上岸。登陆的是英军兰开夏燧发枪手团,奥斯曼军以一个连的兵力对英军进行了有效的阻击。

舰队炮击后,英军乘坐小艇连拖带划上岸。奥斯曼军队等到英军的登陆船靠岸时开火。英军遭到奥斯曼军队枪炮的猛烈打击,奥斯曼军队设置的水雷和地雷雷场也让英军付出了惨重代价。另一部英军转向驶往泰凯角,在没有遭受很大损失的情况下上岸。他们得到了增援部队的支持。最终在岸上赢得了立足点,并扩大占领区域。①

V海滩战斗

V海滩位置在赛德尔巴赫尔(Sedd el Bahr)古要塞附近。承担登陆作战任务的是英国陆军第88师。该处也是奥斯曼军队重点布防的区域,奥斯曼军队在这一地区大量铺设铁丝网,布置机枪阵地。防守的奥斯曼军约有400人到500人。登陆者必须爬上处于奥斯曼军机枪完全覆盖下的缓坡。英军的登陆计划是用为登陆部队准备的"克雷德河(River Clyde)"号运输船将部队运往离海岸几码以内的地方。该艘运输船乘载有2000名英国士兵。用两艘驳船作桥梁停在轮船与海滩中间这段水面,部队可以分批次沿这条堤道迅速登上海滩,部分士兵乘小船登岸。

由于海水的原因,驳船没有能够准确上岸,停到了水中,被"克雷德河"号撞上;等到"克雷德河"号搁浅时,岸上奥斯曼军火力全开。此处的水较深,登陆士兵纷纷中枪或者跳入海水中,有不少人被淹死,少数人奋力上岸在低矮的斜坡处寻找掩蔽场所。企图从"克雷德河"号逃出的人,原本打算跨越一段由小船搭成的船桥上岸,但没有成功,他们成堆地落入水中。海滩上和留在"克雷德河"号上的士兵到晚上才得以解脱。他们夜间上岸后没有遭受进一步的损失,还逐渐占领了V海滩的边缘和两侧的零星阵地。奥斯曼军队在此用一个连的兵力挡住了英军的进攻。

对于当时作战的情形,英军第一皇家都柏林燧发枪手团大卫·弗

---

① [英]温斯顿·丘吉尔著:《第一次世界大战回忆录》第2卷,刘立译,海口:南方出版社,2008年版,第430页。

伦奇上校回忆道：

> 我是第一个从船上跳下海的人，为了避开敌人的火力，我必须在水里跑100码或150码。接着又有几个人跟着我跑来，周围的水似乎蹦跳起来，子弹射入我们周围的海水。只有天才知道我是怎么躲开这场子弹雨的。海滩很平坦——这是福气！当我跑离海水50码远的时候，有一发子弹射穿了我的背包，我心想自己终于逃脱了危险，但就在这时有一发子弹射穿了我的左臂。我们团的人说我太胖跑不动，但那天看到我在水里跑的人都改变了看法——我那天跑得快极了！[①]

英军在V海滩进行了第二次登陆作战，仍然无功而退。第88旅旅长在此战中阵亡。之后，剩余的两个半营军队在W海滩登陆。英国国家战史后来评述道："然而，与早晨一些英勇战绩不同的是，在这里，数量至少有2000人的部队，心态似乎转为消极被动……他们面对的是目标明确的工作——占领海滩。第29师在此有无法磨灭的历史污点。排长、连长，甚至营长，等自己分内事情做完，就原地静候着新的指示与明确的命令。"[②] 使英军瘫痪的，竟是被英军从战壕里赶出来，而且当时虽然不清楚自己实力至少比英军弱6倍的敌人。

S海滩战斗

S海岸位于半岛的东侧，该处的登陆因受海潮影响而拖延，有一个营投入到该处作战。这批部队的拖延使得所有部队的上岸被拖延了一个小时。上岸部队基本上没有遭受什么损失。该处有奥斯曼军队的一个营守卫。登陆部队在上岸后，严格按照事前的指示去办，指示中要求他们应该等待其他几个滩头的消息，然后再进攻。英军第29师师长韦斯特准许这种不灵活的用兵方式。他高估了敌方军队的实力，占领加里波利半岛尖端两侧S滩头和X滩头的英军营建制完整，比防守V海滩和W海滩的奥斯曼军兵力多四倍。如果英军朝内陆进攻，是可以攻击奥斯曼军后方的。英军的这种优势还随着登陆部队的增多有所扩大。

[①] ［英］彼得·哈特著：《世界大战1914—1918：一战中的关键战役和重要战场》，何卫宁译，北京：新华出版社，2014年版，第133页。

[②] ［英］李德·哈特著：《第一次世界大战史》，林光余译，上海：上海人民出版社，2010年版，第166页。

英法军队在4月25进行的一系列军事行动，使自身遭受惨重损失。但军队成功地登上了海勒斯角，向北在安萨克湾建立了海岸阵地，实现了在半岛上建立桥头堡的目标。但是他们没有拿下扼守整个半岛的中部高地。这个高地的最高峰是阿奇巴巴，从阿奇巴巴峰顶可以俯视海勒斯角和控制安萨克湾沿岸陆地的朱努克峰。

克里希亚战线系列战斗

从五处海滩实现登陆后，英军和后续赶来的法军为了实现从半岛南端向北占领半岛阿齐巴巴高地的目标，多次对克里希亚地区发动进攻，该地区的战斗特点和一战西线战场的情形类似，双方以战壕战为主要作战方式。你来我往，反复进攻反攻，双方均付出了惨重的人员伤亡和物资消耗，都没有力量改变战局，战线一直保持相对的稳定。

第一次克里希亚战斗

4月28日，英法军队在海勒斯角对奥斯曼军发动进攻，目标是夺取半岛南部高地克里希亚，打响第一次克里希亚战斗。在协约国军队从4月26日开始推迟进攻的两天中，奥斯曼军队完成快速调配和增援，改变了本方在克里希亚战线兵力上所处的劣势。英法两军取得较小的进展。但在奥斯曼军队的反击中被迫撤退。奥斯曼军队在反击中也遭受重大损失。最终，战线恢复到战前的情形。这次战斗中，英军有大批后续部队成功登陆，但是武器装备没有实现很好的供给，造成这批部队没有能够参加战斗，削弱了英军的战斗力。战后，英军的用水、弹药和兵力都需要补充，加上需要花时间挖战壕。基钦纳此时不能满足作战部队的要求，英军只能放弃攻势。[①]

第二次克里希亚战斗

第一次克里希亚战斗失利后，为了增援加里波利半岛南端的作战，英军从安萨克湾沿岸的澳新军团阵地调来两个旅，从埃及调来一个新的英国本土防卫旅，使英法军队在海勒斯角的总兵力达到2.5万左右，而此时奥斯曼军队的兵力已经增加到近2万人。5月1日到3日，在德国指挥官佐登斯特恩的指挥下，奥斯曼军对英法军队发动了全面的反

---

① Philip J. Haithornthwaite, *Gallipoli 1915-Frontal Assault on Turkey*, London: Osprey, 1991, p. 52.

攻，试图把敌人赶进大海，但是进攻失利并遭受重大损失。

5月6日，英军发动第二次克里希亚战斗。英军在仅3英里的狭窄战线上进行正面攻击。英军对于奥斯曼军队的位置不了解，而自身炮弹也很短缺。第9师师长韦斯顿没有按照计划下达作战命令，造成各旅接到作战命令的时间推迟了10几个小时。联军的进攻再次遭到挫败，在3天的攻击中，损失了三分之一的兵力，仅仅夺取两个小据点，战斗陷入停滞状态。奥斯曼军队将防线加固为有组织的战壕系统，双方再次陷入僵局。战斗过后，形势对于协约国军队不利。协约国的军队被堵在半岛南端两个互不相连的地点，只能靠海军取得联系。半岛上的关键阵地全部掌握在奥斯曼军队手中，其战壕把两地的协约国一方军队彻底阻断，奥斯曼军还在不断构筑新防线。法军撤离亚洲海岸的占领区后，在亚洲海岸的奥斯曼军队可以不断增援半岛。英法军队自登陆后损失已经超过2万人。5月9日，汉密尔顿向国内报告说仅凭他目前的力量已经不可能突破奥斯曼军队的防线，战壕战的态势已经出现，至少还需要增援一个军。而从国内派兵至少需要一个月的时间。主动权和战机已经落入奥斯曼军队手中。但此时，奥斯曼军队也面临严重的战争危机，弹药不足，粮食缺乏，靠半岛打猎维持一部分粮食，在几次战斗中伤亡惨重，士气低落。但汉密尔顿没有抓住这些机会反击，他不知道奥斯曼军队实际上比他们更加困难。[1]

第三次克里希亚战斗

6月4日，为占领扼守半岛的中部高地阿奇巴巴峰，英法军队在得到增援后，从海勒斯角发动了第三次克里希亚战役。英法两国军队沿海勒斯角的整条战线发动总攻，参加战斗的英军第29师、第42师、第2海军旅和两个法国师，共计3.4万人。而奥斯曼军队共投入兵力2.5万人，他们在战斗过程中占有良好的地形，且已经筑好坚固的战壕工事。

英军负责攻击奥斯曼军队中央防线的战壕。法军从右翼发动进攻，取得了一定的突破，但是被奥斯曼军队的反击赶回，奥斯曼军在达达尼

---

[1] Tim Travers, "The Ottoman Crisis of May 1915 at Gallipoli", *War in History*, 2001, Vol. 8, No. 1, p. 86.

尔海峡亚洲海岸的炮兵给法军造成严重杀伤。法军的败退造成英军海军旅和第42师侧翼的暴露，英军不得不放弃已攻占的地区而撤退。英法军队把战线仅仅向前推进了两百到三百码。^① 英法军队付出了惨重的代价，英军阵亡4500人，法军阵亡2000人，奥斯曼军队也阵亡9000人。英法军队仍然没有取得实质性的突破，被迫撤回原来的阵地，双方继续呈对峙状态。此时，奥斯曼军队在两公里的战线上25个营的军队混在一起，没有良好的组织，处于混乱中，已经无力阻挡英法军队的再次进攻。奥斯曼军队指挥官在军事会议上强烈建议将整条防线撤到阿齐巴巴峰。前线的一位德国军官认为，如果英国人在土耳其人恢复元气之前，再发动一次进攻，就会动摇土耳其人的信心并实现其作战目标。但英军在这次战斗中也遭受了很大伤亡和消耗，已经无力再发动一次进攻，制高点阿奇巴巴峰任然掌控在奥斯曼军队手中。进攻行动的失败，以及大批官兵的阵亡使英法军官们不愿再下达进攻命令。^②

6月21日，法军在海勒斯角的右翼战线发动了一次进攻，占领了哈里克特和雷道特，取得了很大的进展。次日，奥斯曼军队发动反击，又从法军手中夺回了失地。

6月28日，英军得到第52师的增援，对海勒斯角战线的左翼发起了全面的进攻。在这次战斗中，英军的进攻得到了舰队的支援。奥斯曼帝国方面动用了3.8万军队、16门野战炮和7门重型大炮。在舰队炮火的支援下，英军的进攻取得了很大的成效，共夺取了奥斯曼军队的5条战壕，向前推进了大约1000码。英军的进攻引起奥斯曼军队指挥部的一场激烈争论。负责指挥南部战区的德国将军韦伯，希望奥斯曼军队的防线整体撤至基利德巴赫尔高地。桑德斯没有认同他的意见，要求奥斯曼军队迅速发动反攻。他向前线增派了两个师，并于7月5日发动一次进攻，这次进攻被击退。

7月12日和13日，英法军队在补充兵力和弹药后再次进攻阿奇巴

---

① ［英］温斯顿·丘吉尔著：《第一次世界大战回忆录》第2卷，刘立译，海口：南方出版社，2008年版，第473页。

② ［英］马丁·吉尔伯特著：《20世纪世界史》第一卷（上），中国社会科学院世界历史研究所译，西安：陕西师范大学出版社，2001年版，第414页。

巴峰。[①] 而奥斯曼军队在协约国军队6月2日那次进攻结束后已经加强了防御，英军只攻占了几段战壕，把战线先前推进了200到400码，没有能够实现作战目标。相反却付出了惨重的代价，英军在这3次进攻中损失7700人，法军损失4600人，相当于一个师的兵力。[②] 这一时期，奥斯曼军队的物资补给也遇到了重大的困难。负责土耳其海峡防卫工作的德国海军上将在给德皇写信时说："他对土耳其防卫海峡的大炮被挪作他用，以及对堡垒防卫体系和第五集团军都急需德国军火的状况感到忧虑。"他写道，得不到德国的军火，第5集团军的抵抗持续不了多久。奥斯曼帝国必须不遗余力地通过巴尔干国家获得德国的军火。奥斯曼帝国通过巴尔干获取军火的努力没有取得成功，罗马尼亚反对将奥斯曼帝国订购的德国军火过境。[③] 奥斯曼军队军火的短缺使得他们面临的境况岌岌可危。丘吉尔在评论双方军火短缺情况时说："造成土耳其军火短缺的原因并不由他们控制，而造成英国军火短缺的原因纯粹在于我们向各个战场分配现有军火缺少正确的决策。"[④]

在弹药和作战人员都得不到补充的情况下，英法军队8月发动苏弗拉湾战斗之间前也没有发动进攻。双方在海勒斯角相持了近一个月。

从总体上来看，4月到6月的战斗对英法一方来说十分不利。英法军队在每个地点登陆深入的距离都极为有限，最多不超过3公里。协约国军队的登陆勉强取得了成功，但是没有占据扼守半岛的中部高地，而被奥斯曼队阻挡在海岸狭窄的区域中。之后，双方的战斗陷入战壕战的僵局之中。从4月27日起到5月20日为止，双方断断续续作了多次激烈战斗，损失极为惨重，在英军方面损失了差不多全部参战兵力的30%。5月26日，2.5万英法军队重新进攻，在伤亡三分之一的情况下被迫撤退。而澳新军团这时候受困于安萨克湾，进退不得。战场陷入了僵局。截止到5月28日，英军和法军伤亡达2万人。后备军队已经

---

① ［英］马丁·吉尔伯特著：《20世纪世界史》第一卷（上），中国社会科学院世界历史研究所译，西安：陕西师范大学出版社，2001年版，第415页。

② 李岩、高明编：《第一次世界大战史画》，北京：蓝天出版社，2005年版，第224页。

③ ［英］温斯顿·丘吉尔著：《第一次世界大战回忆录》第2卷，刘立译，海口：南方出版社，2008年版，第475页。

④ 同上。

用光，炮弹库存非常低。汉密尔顿请求基钦纳给予支援。双方在6月和7月初发动的几次攻势都在战壕战中无果而终，加上天气炎热和疾病流行，战斗中止。

英国在5月发生政局变动，丘吉尔被迫辞去海军部大臣的职务。新政府成立后，对是否支持加里波利战役产生了更大的矛盾和分歧，造成英军在加里波利前线的增援拖延了一个多月。桑德斯充分利用这段时间补充兵力。英国战争委员会内部在经过长期争执后决定派第10师、第13师、第14师、第53师和第54师到加里波利半岛作战。但这些军队都没有受过很好的训练，缺乏实战经验，而且没有高素质指挥官。

在援军到达后，汉密尔顿开始计划在半岛的苏弗拉湾发动攻势。英国方面的计划是在苏弗拉湾由斯托普福德中将率领军队登陆，横扫半岛，占领半岛中南部的高地。同时在安萨克湾和海勒斯角分别发动进攻以配合苏弗拉湾的攻势。

（二）8月苏弗拉湾攻势

8月6日，经过一个多月的兵力补充，汉密尔顿选择在奥斯曼军队防守薄弱的苏弗拉湾登陆，试图攻占加里波利半岛上的高地。

汉密尔顿计划的首要目标是占领971高地，该高地是萨里拜尔山脊的制高点，然后从那儿推进，占领自加巴山山到美多斯一线这个半岛的脖子。具体的步骤如下：第一，从安萨克湾发起突击，切断奥斯曼军主力与君士坦丁堡的陆路交通；第二，占领奥斯曼帝国军队炮兵阵地，以便切断奥斯曼军主力与君士坦丁堡或亚洲海岸的海上交通；第三，夺取苏弗拉湾，使其成为澳新军团和在邻近作战的其他部队的机动基地；第四，为配合前面的战斗战术的需要，同时在萨罗斯湾和米蒂伦对面发动佯攻。

为了达到以上作战目的，陆军参谋部在7月份准备了极其仔细的三个独立的进攻方案：第一，由6个师中的2个师在海勒斯角发起牵制性进攻，以防止奥斯曼军队从这段防线调出任何一部分部队；第二，两个澳大利亚师在新西兰军第13师、1个英国旅和1个印度旅的增援下，从安萨克湾向萨里拜尔山脊的主要制高点发起大规模进攻；第三，由第10师和第11师组成第9军在苏弗拉湾登陆，占领控制苏弗拉湾平原的制高点克利特齐土丘、提基土丘，然后与右边安萨克湾进攻的部队相会合。

海勒斯角由戴维斯将军指挥的3.5万人负责进攻，伯德伍德将军指挥的澳新军团负责从安萨克湾进攻；苏弗拉湾的进攻由斯托普福德将军率领的2.5万人负责，加上后备力量和正从海上赶来支援的约2万到2.5万人，协约国方面的战斗人员共计大约12万人。

奥斯曼方面，预料到协约国军队在8月份会有一场大规模登陆作战。他们已经意识到萨里拜尔山脊是通往半岛狭窄段的关键；所以担心登陆地点会在库姆山附近或布莱尔附近，除此之外还不得不防守亚洲海岸。奥斯曼军队高层意识到苏弗拉湾和埃杰尔默湾也有可能是登陆地点。8月6日开战之时，他们在海勒斯角前线部署了4万兵力和94门大炮；在安萨克湾和在安萨克与海勒斯角之间部署了3万步兵和76门大炮；在布莱尔部署了2万军队和80门大炮；在亚洲海岸部署了2万军队和60门大炮。奥斯曼军在半岛布置的兵力共20个师，约有12万军队和330门大炮。

双方动用的兵力大致相等。协约国方面不具有进攻所需的数量优势。一旦进攻全面展开，整条战线全部投入战斗，不能保证能够打败奥斯曼军队。在奥斯曼军队尚未调度好全部军队之前，协约国军队有机会依靠突然进攻抢占战略要地。协约国军队获胜的希望在于成功把握战机。

英国对苏弗拉湾攻势进行了精心策划，保证了战斗发起的突然。这造成桑德斯没有察觉这次进攻。进攻开始前，英法军队首先在海勒斯角和澳新军团湾发动牵制性进攻。为了不引起敌军注意，汉密尔顿下令不许海军在登陆前炮击苏弗拉湾。

为配合英军在半岛北部苏弗拉湾的登陆作战，部署在海勒斯角的英法军队对奥斯曼军队发动攻击。8月6日，英军两个师开始进攻海勒斯角前线的奥斯曼军队防线。奥斯曼帝国方面调动了2个师防守。战斗持续了一周时间。英军没有取得明显的突破，伤亡惨重。但成功牵制了部署在半岛南端的奥斯曼军队的7个师，期间只有1个师撤出去支援其他地方的作战。双方一直对峙到加里波利战役结束。

为配合英军在苏弗拉湾的主攻，澳新军团从8月6日开始向半岛发动进攻。在发起对中部阵地主攻的前一周，澳新军团秘密调遣大批军队到前线，隐藏在坑道和掩体中。8月6日夜，伯德伍德将军的部队已达3.7万人和72门大炮。澳新军团的进攻得到英军的配合，英军对澳新军团右侧孤松（Lone Pine）地区的奥斯曼帝国军队战壕进行了攻击，然后攻击杜鹃山脊（Rhododendron Ridge），随后向奥斯曼帝国军队防线背后的朱努克山进军，从敌人背后发动进攻，以呼应澳军8月7日在奈克山口（The Nek）的行动。澳新军团另一部沿海岸线向北推进，然后转向内陆去攻击奥斯曼帝国军队防守的971高地。971高地是萨利贝尔山的制高点。澳新军团一度占领了朱努克山的制高点，从上面可以俯视达达尼尔海峡和马尔马拉海。但是没有得到增援。凯末尔率军于8月11日发动反击把澳新军团赶下高地，战局再次陷入僵局。

8月6日，澳新军团对安萨克湾右边的孤松山脊发动了进攻。这次进攻属于辅助性的进攻，目的是把奥斯曼军队吸引到安萨克湾的右侧，以配合在安萨克湾进行的主要攻击行动。澳新军团的主攻方向是安萨克湾的左边。在孤松山脊方向，澳军第一旅强攻奥斯曼军队防守的山脊和山顶上的工事。奥斯曼军队修筑的工事属于完全封闭的坑道，战壕上覆盖有粗大的梁木。澳军勇敢作战，占领了坑道，之后澳军顶住了奥斯曼军队的几次大规模反扑，一直占住孤松山脊。

在攻击孤松山脊的同时，澳新军团对奥斯曼军队防守的中部阵地发起了进攻。奥斯曼军防守的棋盘型棱堡是重点的进攻对象。对此处的进攻使澳军付出惨重的代价，没有取得任何进展，参与进攻的部队几乎全军覆没。[①]

主攻的澳新军团兵分两路，经过艰难的行军后沿着通向萨里拜尔山顶峰的沟壑发起了进攻。这些沟壑崎岖不平、灌木丛生。澳新军进

[①] ［英］温斯顿·丘吉尔著：《第一次世界大战回忆录》第2卷，刘立译，海口：南方出版社，2008年版，第484页。

攻的第一阶段的目标是夺取三条沟壑左右两侧筑有工事的阵地。澳新军成功拿下了这些阵地。主力纵队然后继续向山上推进。汉密尔顿、伯德伍德和参谋人员期望澳新军团先头部队在天亮前占领丘努克拜尔山和科雅切门山的制高点。澳新军团在行进一半路程后决定停下来巩固已经夺取的阵地，部队在得到休息和休整后准备到7日或8日重新展开进攻。对此，丘吉尔认为在此时能再派一支增援部队越过已经疲惫不堪的部队继续进攻，中午前整个萨里拜尔山顶完全有可能被澳新军团控制。但是此时英法的指挥官中没有人认为有可能组织这样的进攻。此时，澳新军团的进攻方向和规模完全暴露给敌人。

澳新军团在休整一天后，准备在8月8日拂晓时分重新发动进攻。该条战线上的协约国方面的部队有来自印度的廓尔喀部队、英军和澳新军团。他们距离萨里拜尔山顶有三分之一的距离。此时，防守山顶的奥斯曼军队与前一天晚上相比已经扩大了两倍。①

8月8日拂晓前，澳新军团从安萨克湾重新发动进攻。右边纵队和中间纵队从罗多登德伦山嘴出动，对丘努克拜尔山发动进攻。丘努克拜尔山是主山脊上的一个圆丘。被科雅切门山的凹地断开。天亮后，右路纵队中的新西兰军队占领、制服并守住了丘努克拜尔山西南端的重要阵地，从而在主山脊上站住了脚。左路纵队和中间纵队由于得不到苏弗拉湾登陆的部队的支援，无法取得重大进展。奥斯曼军队不断向前线增援。澳新军团方面，由于道路积水和地面崎岖，其军队在进攻中得不到支援，战斗日趋白热化。8月9日的战斗非常激烈，澳新军团的右路纵队依旧守着朱努克，左路纵队继续进攻Q山头。中路纵队试图占领山脊以便将左右两个阵地连接起来。舰队和陆军的所有大炮都支援澳新军团的行动。左路纵队的进攻由于天黑和地面状况不好被拖延，未能实现攻下Q山头的目标。中路纵队的攻击部队成功推进，攻占了丘努克拜尔山和Q山脊上的重要阵地。

攻击军队在攻占了战略高地丘努克拜尔山后，从上面可以看到远

---

① ［英］温斯顿·丘吉尔著：《第一次世界大战回忆录》第2卷，刘立译，海口：南方出版社，2008年版，第488页。

处的马尔马拉海。在攻占扼守半岛的关键阵地后，他们没有得到后面部队支援，在他们继续追击过程中，遭到英国海军炮弹的误击，损失很大。他们没有采取进一步的行动，而是原地待命。

英军方面指挥官向上级汇报说："除非得到强大的增援，并得到食物和水，不然就必须撤回，但是要是撤回，就放弃了加里波利半岛的关键阵地。"① 而奥斯曼军队在凯末尔的指挥下，迅速增援。凯末尔指挥奥斯曼军利用新西兰军队和英军、廓尔喀旅消极待命的时机，在8月10日早晨发动反攻，将夜里与新西兰军队换防的英军兰开夏营部队赶下了朱努克山顶。兰开夏营部队属于从英国国内临时征调的部队，没有任何作战经验，也没受过太多的正规军事训练。在面对作战经验丰富的奥斯曼军队时自然无招架之功。结果英军的进攻以失败告终。② 此战之后冬季到来，与大自然作斗争成为双方都要面对的共同难题，军事斗争降到了很低的水平。这种情况一直持续到12月大规模的战斗，澳新军团和奥斯曼军在前线对峙的同时，也经常发生一些友好的互动。之后，澳新军团秘密撤离半岛。③

8月6日，在海勒斯角和安萨克湾发动进攻的同时，英军在苏弗拉湾发起了进攻。英军的任务是夺取干涸盐湖两侧的卡拉克尔山和拉拉巴巴山，并夺取能够控制苏弗拉湾平原的制高点克利特齐土丘、提基土丘。然后部队向971高地发起联合进攻，以支援澳新军团。汉密尔顿的参谋人员认为除非意外遇到敌人的精锐部队，英军可在拂晓时占领这些阵地。

在登陆作战的过程中，英军采用了新式登陆工具驳船"甲虫"。④ 英军的先头部队先后从苏弗拉湾内的A海滩（第11师第34旅）和尼布

---

① ［英］温斯顿·丘吉尔著：《第一次世界大战回忆录》第2卷，刘立译，海口：南方出版社，2008年版，第490页。

② 同上，第484页。

③ Kevin Fewster, Vecihi Basarin, Hatice Basarin, *Gallipoli: The Turkish Story*, New South Wales: Allen & Unwin, 2003, pp. 138-140.

④ 该型号的驳船是费希尔在1914年末为陆军在海滩登陆而设计的一种钢板摩托驳船。驳船一次可以载运士兵500人，航速5节，具有防弹性能，船首安装了登陆桥。驳船因为外形得到"甲虫"的绰号。

鲁内西角（Nibrunesi Point）以南的B（英军第11师第32旅）海滩和C海滩（英军第11师第33旅）登陆，指挥官是英国斯托普福德将军。英军在B海滩和C海滩的登陆过程中没有遇到奥斯曼军队的抵抗，但在攻占拉拉巴巴山的战斗中，英军伤亡很大。A海滩位于苏弗拉湾内部，海滩水位较浅，英军乘坐的驳船吃水深，在海岸地带发生搁浅。部队被迫从距离岸边188米处下船涉水上岸，影响作战效率。英军遭到守卫海岸的奥斯曼帝国前哨部队的步枪射击。英军在没有遭受很大损失的情况下顺利地登岸并占领海滩。英军一部占领卡拉克尔山，并向克里特齐山进发，但是其余部队在登陆后原地打转，进行毫无目标的行军，没有及时抢占制高点提基土丘，仅仅攻占了一座低山丘巧克力山。

在A海滩登陆的英军第34旅旅长把海岸的一个沙丘当成了卡拉克尔山，于是在占领这个山头后一直等到天亮，到白天英军才占领卡拉克尔山。奥斯曼军队被迫退入灌木丛。到8月7日早晨，只有第11师完成了任务的一部分。天亮时，奥斯曼军队的隐密炮台开始朝各个海滩和登陆部队炮击。英国情报部门相信守卫海滩的奥斯曼军队有5个营，共计4000人。实际上英军第11师正面的奥斯曼军队只有3个营。其中有两个是宪兵营，总计1800人和20门大炮。[①]8月7日过后，英军登陆的部队达到2万人。他们正面的奥斯曼军队只剩下1800人。英军再向前推进3英里就可以占领这个地区水源丰富、具有重要意义的阵地。但英军在拉拉巴巴山附近滞留或者进行无意义的行军而没有及时去提基土丘。奥斯曼帝国军队在德国军官威廉·威尔默少校的指挥下成功阻击了英军1个师的进攻。

8月6日晚上，桑德斯在加里波利半岛奥斯曼军队总部接到协约国军队在海勒斯角、孤松山的进攻的消息，奥斯曼军前哨阵地在给桑德斯的汇报中把英军在萨罗斯湾发起的佯攻当成了真正的登陆作战行动。在没有真正确定英军的作战意图之前桑德斯主张不采取任何措施。午夜，奥斯曼军前哨阵地向桑德斯报告说有大批英军从安萨克湾

---

① ［英］温斯顿·丘吉尔著：《第一次世界大战回忆录》第2卷，刘立译，海口：南方出版社，2008年版，第485页。

沿岸的阵地向左边出动,并沿着海岸向北行进。随后,桑德斯收到报告说在苏弗拉湾有大批敌军部队登陆。桑德斯命令在美多斯的两个奥斯曼军预备师去增援萨里拜尔山的守军,这批部队到8月7日投入战斗。在苏弗拉湾沿线防御的奥斯曼军队数量很少,只有德国少校维尔默指挥的一个加里波利宪兵营、一个布鲁萨宪兵营和第31团的一个营加20门大炮。[1] 奥斯曼军队从半岛的南部无法得到支援,桑德斯命令驻守布莱尔地峡的奥斯曼军第7师和第12师前往苏弗拉湾增援,亚州海岸的所有驻军横渡海峡去增援加里波利半岛。按照桑德斯的预计,在8月8日前维尔默少校和他的部下无法得到有效的援助,8月9日早晨之前无法展开真正的反攻。8月7日,英军的登陆规模暴露,大批英军在舰炮的掩护下登上海滩,开始在平原上聚集,奥斯曼军队第16军指挥官费齐·贝将军率领两个师急行军至前线。8月8日傍晚,桑德斯从维尔默少校那里获知奥斯曼第16军还没有抵达部署地区,从指挥官那里得知部队已经精疲力竭,无法在9日早晨之前发动进攻。

　　桑德斯将费齐·贝将军解除职务,并把该地区所有军队的指挥权授予穆斯塔法·凯末尔。[2] 此时的形势对于奥斯曼军队和德国来说日趋严峻。8月7日,英军和澳新军团推进到山脚下,德国提尔皮茨海军上将在当天的日记中写道:"自昨天开始,达达尼尔海峡一直在进行激烈的战斗,形势显然极为严峻。"他还写道,"如果达达尼尔海峡陷落,世界大战就会以我们的失败告终。"[3]

　　9日拂晓时分,英军恢复对提基土丘的的进攻。参与的部队包括第11师、第10师的31旅以及新近登陆的第53师的部队。奥斯曼方面,桑德斯将军命令奥斯曼军队发动反攻。奥斯曼第7师和第12师的先头增援部队已经于8月8日的夜晚赶到,后续部队不断赶到。英军约克郡营攻占弯刀山,但是又受命撤离。汉密尔顿之后命令53师在8月9日重

---

[1] 布鲁萨当时是奥斯曼帝国的著名城市,位于安纳托利亚半岛西北部。
[2] [英]温斯顿·丘吉尔著:《第一次世界大战回忆录》第2卷,刘立译,海口:南方出版社,2008年版,第487页。
[3] [英]马丁·吉尔伯特著:《20世纪世界史》第一卷(上),中国社会科学院世界历史研究所译,西安:陕西师范大学出版社,2001年版,第415页。

新占领弯刀山,经过2天的战斗,英军在付出惨重代价的情况下没有占领该地。在苏弗拉湾,英军7日的损失没有超过1000人,而9日和10日两天官兵伤亡近8000人。[1]

8月10日早晨,奥斯曼军官凯末尔在对澳新军团作战取得胜利后对英军发动进攻。奥斯曼军队参加进攻的部队是奥斯曼军第8师,另外还有3个营,并有强大集中的炮兵支援,英军伤亡惨重。在胜利的鼓舞下奥斯曼军队越过山顶,沿着陡峭的山坡向下冲锋,企图将英军赶入大海,但遭受英国舰队的炮击以及安萨克湾澳新军团阵地的枪炮的打击而被打退。[2]到8月10日,协约国军队的进攻在没有取得重大收获的情况下结束。

8月15日和16日,英军沿环绕苏弗拉湾北面的克里特齐山丘发动进攻,企图对奥斯曼帝国军队的侧翼进行打击。马洪将军担任指挥官,他率领的部队在海军炮火的有效支援下起初进展顺利,但最终在奥斯曼军队的反击下被迫放弃夺取的大部分阵地。对于这次的战斗,桑德斯将军这样评价:如果在8月15日和16日的进攻中,英国人攻占并守住克里特齐山丘,第5集团军的整个阵地将被侧翼包抄。那时英国人有可能取得决定性的最后胜利。8月16日,汉密尔顿打电话给基钦纳要求再增加兵力,否则无法继续进攻。但英国政府无法提供支援。战斗又陷入全面僵局。战斗的每一个阶段,甚至直到21日的最后战斗,胜败关键始终悬而未决。双方的行动先后次序稍有变动就足以改变战局的结果。第9军在苏弗拉湾浪费了宝贵的48个小时,本来利用这段时间肯定可以占领那些对战役的胜负具有决定性意义的阵地。桑德斯写道:"我们都觉得,自8月6日英军开始一批又一批地登陆,他们的指挥员在海滩上呆的时间太长了,他们应该命令部队从各个登陆点不惜一切代价向内陆推进。"如果此时英军能运用富有战斗经验的第29师,如果从一开始就使用埃及的义勇骑兵队,英军几乎可以稳操胜券。为替换那些应对此悲惨结果负责的麻木不仁、能力低下的军官,从法国战

---

[1] [英]温斯顿·丘吉尔著:《第一次世界大战回忆录》第2卷,刘立译,海口:南方出版社,2008年版,第493页。

[2] 同上,第496页。

场调来了一批最得力的指挥官，但是为时已晚。

8月21日，英军又开展了另一次进攻，目标是夺取提基土丘附近的伊斯梅尔奥格卢山。为了实现这个目的，英国专门从海勒斯角调来了第29师，从埃及调来义勇骑兵师，以加强已经在苏弗拉湾登陆的第10师、第11师、第53师和第54师。考克斯将军指挥的强大的澳新军团左路部队参与配合。奥斯曼军队现在已经完全建筑起防御工事，实力雄厚。英军用于支持进攻的大炮不足60门，其中只有16门是中等口径，炮弹供应少得可怜。战斗在熊熊燃烧的灌木林中进行，浓烟妨碍了大炮的轰击。澳新军团左路部队占领并守住了几个有价值的阵地，但是并没有取得最后成功。桑德斯回忆说，这场战役奥斯曼军队遭受重大损失，直到投入最后包括骑兵在内的后备力量后才将敌军击退。在进攻中，英军骑兵师和第29师损失惨重，并且一无所获。这是加里波利战役过程中发生的最大规模的战斗，同时注定是最后的战斗。自从英国发动新的攻势以来，损失人员超过4.5万人。而奥斯曼军损失人员约4万人。[①] 汉密尔顿给伦敦发电报报告苏弗拉湾的失败，说他需要9.5万兵力才能取得战场主动。

苏弗拉湾战斗的许多方面都遭到了严厉指责和研究，但是历史宣布战役的失败原因不是在加里波利半岛，而是因为失去机会，机会难以追回。然而，尽管在战事之初犯了一些错误并遇到不幸，机会依旧会落入协约国一方。协约国的黄金时刻不是在8月份，而是在6月末或7月初。协约国方面白白丢掉了这个黄金时刻。达达尼尔委员会指出："随着首次登陆而发起的进攻失败以后，为决定未来命运而制定方针时有过不必要的延误。汉密尔顿在5月17日就提交了报告。但直到6月7日之前无论是战时会议还是内阁都没有讨论过这个报告。在这个最为关键时刻进行的政府改组是造成延误的主要原因。其结果是，汉密尔顿在报告中要求增派的援军被推迟了6个星期。"由于拖延，由于没有利用在埃及的多余部队，英法一方丧失了人数上的优势，而这种优势

[①] WWI Document Archive > 1915 Documents > Reports on Gallipoli, 9 August 1915, Kitchener's & Hamilton's Reports on Gallipoli.

协约国原是有能力获得的，它对于取得胜利的进攻是必不可少的。如果从5月17日起协约国就采取合理的行动，就可以集合15万军队，在7月份的第二个星期对总计7万到7.5万的奥斯曼军队发动进攻。但是唐宁街和白厅所犯的错误不必要地迫使协约国军队在8月份与奥斯曼军队打一场势均力敌的战役，迫使协约国军队陷入极端严重的危险，最终导致协约国的失败。战场上的失误和不当是一方面，但是这些失误和不当不能与最高阶层所犯的不可弥补的方向性错误相提并论。

对于苏弗拉湾战斗，丘吉尔这样评价道："回顾英国陆军漫长而多变的历史，其中最让人心碎的片段就是苏弗拉湾战役。眼见着就要取得辉煌战果，但转瞬间化成泡影；一些人表现得勇敢机智，另一些人却表现得庸庸碌碌，一些人竭尽全力，另一些人却麻木不仁，两个极端同时并存，战场上展示的噩运是我们历史上罕见的特色。"[①] "海军的优势再一次由于耽搁而得不到发挥，而敌人再一次有时间可以集结与我们旗鼓相当的力量；一场惊心动魄而令人怀疑的折磨再一次取代了计划合理、稳操胜券的战斗；获胜的希望再一次寄托于部队的献身精神和领导者的指挥技巧上；所有一切都再一次听凭时间和机会的摆布。"[②]

巴尔干各国宣布中立，不给战争双方支持，禁止军火过境。德国支援奥斯曼军队的炮弹要装在啤酒桶中用走私的方式通过罗马尼亚才能运入奥斯曼帝国境内。奥斯曼军炮兵在作战时经常发射只有军事演习时才用的空包弹，以略壮声势，好让步兵们感受到他们已经获得了炮兵的支援。在奥斯曼军队发射的炮弹中，20发中有一发是真炮弹就算很不错。英军在苏弗拉湾初步登陆成功后站在原地不动，好像大功已经告成。在8月上旬的攻势结束以后，斯托普福德中将因在战争中表现不佳而被撤职，由拜恩代替他的职务。

之后，英国在前线无法发起大的攻势。在德国打通到奥斯曼帝国的铁路运输通道之前，奥斯曼军因为得不到炮火的支援，也无力再对

---

① [英]温斯顿·丘吉尔著：《第一次世界大战回忆录》第2卷，刘立译，海口：南方出版社，2008年版，第482页。

② 同上，第483页。

英法军队发起进攻。双方的战局再次陷入僵局。9月，保加利亚进行军事动员，准备加入同盟国作战。英法的盟国塞尔维亚局势陷入危机，英法两国不得不从加里波利战役前线抽调兵力去救助塞尔维亚，法军第2师和英军第10师被抽调往萨洛尼卡。加里波利战役的主要战斗基本上结束。

澳大利亚报业集团驻伦敦办事处的办事员凯恩·默多克到加里波利半岛前线调查后，将澳新军团勇敢作战和指挥官无能的事情告知澳大利亚总理费希尔。费希尔将信件交给英国政府。英国政府在讨论后，决定撤换汉密尔顿，派门罗中将指挥作战，并且产生了撤军的想法[①]。

德国、奥匈帝国和保加利亚军队从北面和东面包夹塞尔维亚，塞尔维亚政府在10月12日迅速沦陷。塞尔维亚被同盟国军队占领使得德国和奥斯曼帝国之间的陆上交通线被打通，德国支援的装备和弹药开始大量涌入奥斯曼帝国。协约国驻守在半岛的部队的阵地无法局部撤离，因而遭受敌人炮火大大加强的威胁。英国政府考虑计划撤退，因为害怕部队遭受巨大的损失，撤离加里波利半岛和放弃整个行动计划被耽搁了一阵子。根据前线指挥官汉密尔顿的评估，撤退至少会损失现存一半的兵力。10月30日门罗对前线进行考察后主张撤军。这在英国政府高层引起很大震动。11月2日，英国首相阿斯奎斯决定把战争指导权交给战争委员会去负责。基钦纳反对撤军。他建议海军强行通过达达尼尔海峡。英国舰队参谋长凯斯准将也主张采取大胆的海军行动。基钦纳赞同凯斯的主张。

11月9日，基钦纳抵达海峡，他亲自视察了部队和防御的情况。他相信部队能够守住阵地，除非德国进行大规模增援这在当时不可能完成。在与德·罗贝克会晤后基钦纳又放弃了海军进攻的想法。他又制定了从亚历山大勒塔湾的阿亚什登陆的方案。首相利用基钦纳离开之际进一步削减了他的权力。丘吉尔主张由海军再做一次进攻的尝试，但是没有人重视他的意见。英军海军的行动计划被否决。

11月23日，基钦纳批准了汉密尔顿的继任者门罗提出的撤军计

[①] 梁丽娟：《加里波利战场凭吊》，《世界知识》，1990年第16期，第30页。

划,但却主张保留海勒斯角。德·罗贝克也主张保留海勒斯角,而战争委员会决定把三个驻地的军队全部撤离。德·罗贝尔反对战争委员会的意见并因此放弃了海军指挥权。威姆斯接受海军指挥权。威姆斯要求再做一次努力,以求转败为胜,主张发挥舰队的作用,以海军力量夺取海峡,但被内阁否决。

英国在海峡发动的潜艇战几乎切断了奥斯曼军队的海上交通,阻碍了奥斯曼军队沿马尔马拉海海岸的陆路供应。德国帮助奥斯曼帝国抢修的陆路交通线要经过受到英法舰队威胁的布莱尔地峡,运输严重受限。奥斯曼帝国驻守半岛的第五集团军陷入了物资供应的严重困境。英国情报部门获悉,由于伤亡、疾病、供应物资短缺、严寒天气和英法海军猛烈的炮轰,奥斯曼军队的士气越来越低落,其食物、衣物、靴子、弹药都极其匮乏。桑德斯在战后回忆说,假如当时英法知道奥斯曼军队的处境,奥斯曼帝国的处境就不妙了。当时英法军队方面情况也很糟糕。11月下旬,加里波利半岛气温骤降,连下暴雪,积雪达到60厘米,苏弗拉前线的英军被冻死5000人。[①]

威姆斯及其参谋部认为即使不强攻海峡,他们的力量不仅能阻止德国运来大规模的大炮支援,而且能够严重威胁加里波利半岛上的全部奥斯曼军队的生存。但是12月8日,英法联合参谋会议在法国召开,一致宣布立即组织保卫萨洛尼卡和立即撤出加里波利半岛。威姆斯的力争没有得到英国政府的支持,他确定12月19日或者20日夜为撤离行动的日期。这次撤退是整场战役中协约国最成功的一次军事行动。英国出动海军,成功骗过了德国和奥斯曼将军队以极其隐蔽的方式成功地撤退下来。关于协约国为什么能够成功撤退,学术界有着不同的看法,一种观点认为是协约国战术得当骗过了奥斯曼军方。英法军队成功模拟出与平时进攻相似的步枪和大炮攻击的假象,利用有利的大雾天气成功撤退。也有观点认为是奥斯曼帝国士兵已经产生了厌战情绪,不愿意发动进攻,让敌人撤退。还有观点认为是奥斯曼帝国指挥

---

① 陈海宏、吴倩:《欧陆烽烟500年欧洲陆军战争》,北京大学出版社,2010年版,第157页。

官凯末尔的离开。凯末尔在1915年12月因为伤病离开战场。[①] 凯末尔后来在回忆录中说道，如果当时他在场的话不会让协约国军队成功实现撤退。

加里波利战役以协约国军队最终撤退而结束。协约国方面，英国阵亡2.8万余人，法国阵亡1万人，澳大利亚阵亡7595人，新西兰阵亡2431人，作为进攻的一方，死亡总数超过4.8万人。在保卫半岛的过程中，战死的奥斯曼军队达6.6万余人。此外，双方受伤的士兵总数接近40万。在整个加里波利战役中，英军（含澳新军团、印度殖民地军团）登陆总人数为41万，法军（含殖民地军团）为7.9万，一共损失25.2万人（含死亡、负伤、失踪、被俘、病死）。[②] 奥斯曼军队方面的损失也高达25万人。滞留在半岛上的物资数量极为巨大，奥斯曼军队花了几乎两年时间才把战场清理完毕。加里波利战役是英军战史上遭受的最重大惨败之一，英军遭遇了"介于萨拉托加和新加坡之间最惨重的失败。"[③]

三、加里波利战役中的其他作战方式

加里波利战役为新武器的使用提供了很好的平台。战役过程中，伴随着潜艇、飞机和水上飞机母舰[④]和潜艇等新武器的使用，潜艇战和空战等新的作战形式接连在加里波利战役中上演，英国筹划对奥斯曼帝国实施毒气战，但因战争结束而没有实施。双方在战役中都出动狙击手参战。

这些新的作战形式丰富了加里波利战役的内涵，使加里波利战役显示出与传统战争不同的一面，加里波利战役已经显示出现代化战争

---

① ［美］梅尔著：《一战秘史：鲜为人知的1914—1918》，何卫宁译，北京：新华出版社，2011年版，第235页。
② Pert Hart, *Gallipoli*, London: Profole Books Ltd., 2011, p. 452.
③ 陈海宏、吴倩：《欧陆烽烟500年欧洲陆军战争》，北京：北京大学出版社，2010年版，第157页。
④ 水上飞机母舰是航空母舰的前身。加里波利战役中，英国海军"皇家方舟"号水上飞机母舰参与作战，从其上面起飞的飞机参与了对奥斯曼军队的轰炸和侦察，成为二战期间航母作战方式的起源。

的特点。[1]

（一）潜艇战

在加里波利战役期间，作战双方都对地方实施了潜艇战。

英国在战前就开始了对奥斯曼帝国的潜艇战。在海上行动之前的1914年12月，英国海军少校诺曼·霍尔布鲁克驾驶潜艇B11号潜入达达尼尔海峡，击沉奥斯曼帝国海军巡洋舰"梅苏迪赫"号。1915年4月17日，为配合陆军的登陆行动，英国潜艇E15号试图潜入达达尼尔海峡，发生了搁浅，舰长被打死，部分船员被俘。英国巡逻艇击沉了潜艇的残骸。

4月25日，澳大利亚的潜艇AE2号从达达尼尔海峡雷区底部穿过，潜入马尔马拉海，对奥斯曼帝国的船只进行了袭击，并击沉一艘奥斯曼海军的大型炮艇。AE2号潜艇成功进入海峡实施攻击极大地提升了澳新军团的士气。在首日登陆受挫后指挥官产生了撤退的想法，并向汉密尔顿提议撤退。汉密尔顿在得到澳大利亚潜艇AE2通过海峡之后致电澳新军团指挥官："我军的潜艇已经成功穿越海峡，并击沉敌军军舰一艘，你们要坚持战斗，挖战壕保住阵地，挖，挖，挖，直到你们安全为止。"[2] 4月30日，因为机械故障无法潜水，AE2号被奥斯曼军队的一艘鱼雷艇击沉。4月27日，C. 博伊尔少校指挥的E14潜艇潜入达达尼尔海峡，在加里波利城附近的水域击沉奥斯曼海军一艘炮艇。到5月18日之前，E14号潜艇一直在马尔马拉海活动，多次攻击奥斯曼海军的运输船。4月29日，它击沉奥斯曼海军运输船一艘。4月30日，澳大利亚海军AE1号潜艇在出击中遭遇奥斯曼海军的攻击，舰员们被迫

---

[1] 现代化战争指大量使用现代先进武器和技术装备进行的战争，是在电力出现以后，经济迅速发展的基础上，在帝国主义和无产阶级革命的时代产生的。19世纪末开始的以广泛运用电力为主要标志的第二次技术革命，推动了工业电气化，既大大提高了生产力水平，振兴了经济，也为军队提供了新的作战工具。第一次世界大战首次使用飞机、坦克、高射炮和新式军舰等武器装备，随之产生了立体战，有了空战、空袭、防空作战、坦克战、化学战和通信对抗，发展了阵地攻防战和海战等。这些新武器、新战法的运用，标志着此次大战已经有了现代化战争的一些因素。

[2] Gallipoli's Deep Secrets, National Geographic Channel, http://www.natgeo.com.cn/programme/ 2010-12-14.

凿沉潜艇逃离战场。5月1日，E14击沉奥斯曼海军军队炮艇一艘。5月10日，E14号潜艇击沉奥斯曼军队的一艘大型运兵船，造成6000名奥斯曼军士兵死亡。这次攻击行动阻止了奥斯曼军队的海上运兵行动。5月18日E14号潜艇顺利返航。5月19日，英国内·史密斯中校驾驶E11号潜艇进入马尔马拉海。在马尔马拉海行动的19天中共击沉1艘炮艇、3艘运输船、1艘弹药船和3艘军需船。6月10日，博伊尔少校第二次进入马尔马拉海，在该水域活动23天，击沉一艘奥斯曼帝国大型轮船和13艘帆船。布鲁斯少校和科克伦少校分别率领E12号潜艇和E7号潜艇于6月20日和6月30日潜入海峡，共击毁7艘轮船和19艘帆船，并多次炮击沿海岸的公路和铁路。为了应对英国潜艇的袭击，奥斯曼帝国政府把滞留于君士坦丁堡的英法侨民分批放到运输船上，但没有取得很好的效果。[①]

7月，奥斯曼军加强了对海峡的防潜工作，成功地完成了纳加拉防潜网的部署。这道防潜网有10英尺的网孔，由金属线编成并加固，超过220英尺深的航道完全封闭，并配备有5艘摩托化炮艇守卫，这5艘炮艇携带有深水炸弹并安装了数门大炮。英军穿越海峡的难度增加。7月21日，博伊尔率领E14号潜艇第3次穿越海峡，多次遭遇险情。8月5日，E11号潜艇潜入海峡，在潜入期间，它多次被防潜网缠住，并遭受奥斯曼军队空军的轰炸，但成功脱险。E14号潜艇多次攻击奥斯曼军队炮艇、运输船，并寻机攻击沿岸的奥斯曼军队。8月8日击沉奥斯曼海军"巴巴罗萨"号战列舰。在潜入的29天中，E11号潜艇共击沉击毁奥斯曼帝国海军战列舰1艘、炮艇1艘、运输船6艘、轮船1艘和23艘帆船。除此之外，英国潜艇E2号、E7号、E12号、H1号和E20号和法国潜艇"绿松石"号共27次穿越奥斯曼军的防潜网。在海峡行动过程中，法国潜艇被俘获4艘。进入或试图进入马尔马拉海的英法两国潜艇共有13艘，其中有8艘被击毁。英国潜艇在马尔马拉海共击毁奥斯曼军队1艘战列舰、1艘驱逐舰、5艘炮艇、11艘运输船、44艘轮船和

[①] Henry Morgenthau, *Ambassador Morgenthau's Story*, New York: Doubleday Page & Company, 1918, pp. 148-152.

148艘帆船，使奥斯曼军队的海上运输陷入瘫痪的状态，严重影响了奥斯曼军队在加里波利半岛的作战。奥斯曼军队的粮食和弹药到6月底降至最低水平，只能在关键时候经过巨大努力，才组织起陆路运输渡过难关。奥斯曼军队在加里波利半岛上的全部供应依赖牛队运输，其运输线容易遭到海上攻击。整个加里波利战役期间，英国和法国的潜艇一直活跃在海峡一线，攻击奥斯曼军队的海上运输线，给奥斯曼军队的运输造成沉重打击。对此奥斯曼军队指挥官桑德斯战后回忆说，"如果英国能够坚持用潜艇在海峡进行攻击，我们将被饿死在半岛上"。1915年9月14日，澳大利亚海军的AE2号潜艇在达达尼尔海峡被土耳其海军击沉。

德国潜艇的出击也取得了很大成功。

1915年5月，一艘德国潜艇在加里波利半岛附近的海面击沉了英国战列舰"歌利亚"号，造成570名英国海军官兵死亡。之后，英国战列舰"胜利"号被奥斯曼帝国海军军舰发射的鱼雷击沉，100名士兵被淹死。8月，一艘德国潜艇在佐泽卡尼斯的科斯岛附近击沉了驶往加里波利半岛的一艘协约国运兵船，造成1865名协约国军队士兵死亡。

德国潜艇在加里波利半岛附近海域的出击给英国政府造成了很大压力。在1915年5月间，德国潜艇数次击沉英国部署在该水域的战列舰。在英国政府高层引起了连锁反应，他们担心"伊丽莎白女王"号被击沉，会在国内造成很大不利影响。费希尔为此向基钦纳提出最后通牒：若不把"伊丽莎白女王"号从地中海撤回，他将辞职。为安抚费希尔，丘吉尔早已电令该舰回国。基钦纳反对这一提议。他向首相阿斯奎斯报告说，假使海军准备放弃达达尼尔海峡的行动，则所有的陆军部队也许就该调往埃及。但是阿斯奎斯支持费希尔。英国海军的部分撤退行动很大程度上制约了陆军在加里波利半岛的作战，使得部队在运输和支援登陆等方面的能力大大下降。

英国海军的暂时撤离沉重打击了陆军的士气。海军在登陆作战的过程中承担了运输部队和物资、登陆炮火支援、伤员救治、为夜间登陆部队提供照明等作用，这些目前已经没有了，加上疾病横行、物资短缺，英法军队的士气受到严重打击。①

德国潜艇对协约国的海上运输和部署在爱琴海的军舰造成了严重的威胁。英法的舰队被迫躲避在穆德罗斯港内；战列舰只有在执行某项具体任务时才允许暴露。在整个6月份，协约国方面只使用驱逐舰和轻型军舰为陆军提供较少的炮火支援。7月，英国的重炮舰和装有防潜装置的巡洋舰抵达前线。协约国大量地使用小型潜水船向军队运输物资，到7月中旬，物资运输才到位，造成英法军队发动苏弗拉湾战役时间的推迟。

（二）空战

在加里波利战役期间，奥斯曼帝国空军第一飞行支队参战。

奥斯曼帝国空军在战斗中取得的第一次胜利出现在1915年的11月30日，奥斯曼帝国飞行员在达达尼尔海峡附近地区的一次近距离射击中把一名法国发行员打下。战役期间，双方均使用飞机进行侦察行动。在加里波利战役爆发的时候，世界各国对飞机的军事用途开发的还远远不够，加上飞机的造价成本高，协约国主张把飞机用到主要的战场上，加里波利战役没有引起协约国的真正重视，所以投入到这场战争中的飞机数量极少。奥斯曼帝国空军实力弱小，参加一战时仅有5架战斗飞机，加里波利战役期间主要发挥侦察作用。

（三）未遂的毒气战

在战争过程中，英国在1915年下半年计划在加里波利半岛对奥斯曼军队使用毒气弹，所有的装备已经在运送的途中，由于英法最终失败撤军。毒气弹在还没有运抵半岛时战事已经结束。②

---

① Galllipoli's Deep Secrets, National Geographic Channel, http://www.natgeo.com.cn/programme/2010-12-14.

② Yigal Sheffy, "The Chemical Dimension of the Gallipoli Campaign: Introducing Chemical Warfare to the Middle East", *War in History*, 2005, Vol. 12, No. 3, p. 278.

（四）狙击战

狙击战是加里波利战役中重要的作战形式。狙击战在杀伤敌方重要目标、打击敌方士气和提升己方士气有着重要的作用。加里波利战役期间，澳新军团华裔枪手沈比利（Billy Sing）参战。沈比利于1886年3月出生于澳大利亚昆士兰州的克勒蒙特，其父亲是来自中国上海的移民，母亲为当地护士。他射术精湛，于1914年年底参加澳大利亚欧洲远征军，先在埃及接受集训，准备奔赴欧洲战场。1915年4月，他随军赴加里波利半岛作战。从1914年5月到9月，他共击毙奥斯曼帝国官兵150人，包括奥斯曼帝国第一狙击手阿卜杜尔。[1]

---

[1] 王月雪：《传奇华裔神枪手沈比利》，《人生与伴侣（月末版）》，2015年第1期，第60页。

第4章
奥斯曼帝国获胜的原因

在加里波利战役中，奥斯曼帝国以弱胜强，击败了军事力量强大的英法两国。奥斯曼在付出很大的代价下保卫了自身领土的安全，保证了对战略要地土耳其海峡的控制权。加里波利战役产生这样的结局让当时的世界各国感到震惊。战后各国学术界也从各个方面对奥斯曼帝国获胜、英法两国失败的原因进行研究。加里波利战役成为后世最具争议性的战争之一。本章将从战争准备工作、地形条件、指挥官能力、情报工作、军队战斗力、内部的凝聚力六方面对奥斯曼帝国获胜原因进行分析。

第一节 战争准备

奥斯曼军队在协约国联合舰队炮击达达尼尔海峡入口处要塞之前，就已经做了很多防卫工作。在巴尔干战争期间，奥斯曼军队已经在半岛修筑了一定的防御工事。但是这些防御设施不足以抵御英法这样的海军强国通过海峡。在1915年2月26日，英法舰队在对达达尼尔海峡入口处的要塞进行炮击后，轻松派遣路上爆破队上岸摧毁了外围要塞中弃置的大炮。但是在4月底的协约国在同一地点登陆作战中，却付出了几千人的代价。这从一个侧面说明了奥斯曼军队在这短期内防御工作开展得到位和高效。奥斯曼军队方面利用英国给予的宝贵时间，快速地完成了布防。

在知道英法两国海军的作战意图后，奥斯曼军队在达达尼尔海峡两岸原有设防的基础上，加修工事并配置新的要塞炮兵阵地和机动阵地；设置鱼雷发射阵地和海峡探照灯，并在海峡内布设了水雷和防潜网；在炮兵阵地周围配置陆军以防止敌人破坏。在这方面，桑德斯发挥了重要的作用。

而英法方面，英法两国高层没有对战役进行合理规划，决策混乱。

对于发动加里波利战役，英国战争决策层存在严重的分歧。英国国内坚持在西线战场作战、反对分兵其他战场的派别影响力大。法国战争决策层主流反对开辟其他战场，这在很大程度上影响英国战争决策层的决策。在英国战争决策层中，对于在何处开辟新战线、何时发动攻势等问题也有明显的分歧。以上因素造成英国国内以及英法之间很难就发动加里波利战役达成很好的共识。加里波利战役作战方案的出台是在英国国内以及英法之间存在严重分歧的情况下妥协的结果。妥协的结果是两国高层对发动战役不可能进行合理规划，从作战计划制定、战争力量的投入等方面都制约了英法军队的作战。

英国政府考虑进攻加里波利半岛的观念最早产生于1914年8月。1914年8月20日，希腊首相费尼奇洛斯获得其国王君士坦丁一世的批准，自愿把该国的一切陆海军自愿提供给协约国使用。但是当时的英国外长格雷害怕会刺激和触怒当时的中立国奥斯曼帝国而拒绝了此项提议。8月31日，丘吉尔与基钦纳私下讨论这个问题。9月1日，丘吉尔便要海陆军参谋本部各派军官二人共同拟定使用希腊陆军攻占加里波利半岛的计划。费希尔勋爵反对这个计划，主张在波罗的海登陆。但这个计划需要陆军的参加，基钦纳表示无兵可调，所以达达尼尔计划又受到考虑。希腊表示除非保加利亚也同意对奥斯曼帝国宣战，否则它将不采取行动，于是加里波利计划再度搁置。到11月，有两个师的澳新军团到达埃及时，丘吉尔试图恢复加里波利计划。他命令装载他们的运输船暂留在埃及，以便可以运这些军队参加加里波利远征。

英国战争委员会不断变更作战计划影响了自身对于战争的准备工作。在1915年1月底，英国战争会议已经达成一致要采取海军单独行动的作战方案。但是到后来又反复变更，对于是采取海陆联合作战还是陆军行动变化不一。丘吉尔在战后回忆说："……我们采取纯粹使用海军进攻的全部决策。但是，随后出现了一系列新的事实与压力，因此逐渐并且不断地改变任务的性质，大大扩大了任务的规模。在不到两个月的时间内，在这些事态的影响下，把握不大但是代价与风险较小的海军进攻变成辅助手段，取而代之的是陆军的大规模卷入。"[①] 英国战争委员会在1915年2月决定在海峡地区实行海陆联合作战，并准备派出汉密尔顿的兵力。后来改为执行海军单独行动计划，又准备在萨洛尼卡单独发动一次陆上攻击。这个计划旨在立即增援塞尔维亚、从希腊北上攻击多瑙河流域，从背后攻击同盟国集团。英国反复调整作战计划，使得对英军第29师的派遣出现了重大的分歧，英国原计划把第29师派往希腊的萨洛尼卡，2月16日，英国战争会议以"所有兵力备便，必要时支援海军达达尼尔海峡攻势"为由，决定将第29师"以最快速度，并结合从埃及出发的部队"，运送至爱琴海沿岸中央位置的摩德罗斯港。后来由于驻法英军总部和霞飞为代表的"西战场派"和英国国内西战场派的竞争，基钦纳又改变了想法，表示第29师没有准备好，以陆军大臣的身份，建议改派当时驻扎在埃及的澳大利亚和新西兰两个师上场。他知会海军部说，第29师不用去了，藉此中止原先准备集结运输舰的运兵计划。而在法国，霞飞拒绝从他的陆军野战军团中抽调部队远征，他从国内七拼八凑拼出了一个师的兵力，并于1915年3月3日出发。一直到1915年3月10日，基钦纳还没有决定是否派出第29师；直到当月12日，基钦纳才认命了陆军远征军的司令官。此时，英国陆军部还没有做出派兵出发的规划。当13日汉密尔顿启程时，汉密尔顿出发时拥有的情报资讯中，包括了一册1912年编印的奥斯曼帝国陆军简介、战前的达达尼尔要塞报告以及一张不准确的

[①] ［英］温斯顿·丘吉尔著：《第一次世界大战回忆录》第2卷，刘立译，海口：南方出版社，2008年版，第358页。

地图。为弥补这些缺陷，他手下的有些参谋只好搜遍书店，寻找有关君士坦丁堡的旅游指南。手下的行政参谋没有人跟他一起走，他必须先行离开。3月17日，汉密尔顿到达英国舰队驻地，他发现利姆诺斯岛缺水，摩德罗斯港缺码头与掩体，不适合作为海军基地用。他发现装船的部队人员与装备配置极其不妥。部队必须下船，待重新将人员与装备调整妥当后，才能在敌方海岸执行登陆。18日，他将基地转移至埃及的亚历山大港，并下令所有的运输船开赴亚历山大港。原始的装船构想混乱，每个营分别装载在不同的运输舰上；马匹与车辆，火炮与弹药也被拆散装船，引信与炮弹都未配置在一起。第29师的一个步兵营，竟被分配在四艘船上。亚历山大港相对宽敞的码头和营区，仍然很难满足卸船与装船的需要。迟到的参谋人员也不能使作业加速。英国方面在准备实施海军配合陆军登陆的计划时，没有考虑海上补给基地的基本情况，造成大量宝贵的时间被浪费。派出的部队在埃及的亚历山大港被耽误了几个星期，出于配合战术上的需要，英军将装船顺序重新分配而造成耽搁，使得英军丧失了奇袭的时机。

5月，英国政局发生了变动，新成立的达达尼尔委员会成为战役的决策机构。但是一直到6月7日，达达尼尔委员会才召开第一次会议。委员会讨论了汉密尔顿在5月17日电报中提出的增援要求。基钦纳坚定地支持以最大力量进行达达尼尔战役。他声称要派四个师去增援达达尼尔战役。委员会接受了基钦纳的意见，并以此为指导方针。达达尼尔委员会的会议决议在6月9日送交内阁；英国内阁围绕达达尼尔计划是否该继续执行还是就此偃旗息鼓以减少损失这个基本原则进行了十分激烈的辩论。内阁的意见分为两派，这给加里波利战役的后一阶段的行动造成了严重的困难。内阁最后同意派三个师增援达达尼尔作战行动。到6月19日，英国政府最终作出关于增援在加里波利半岛作战的部队的决议。决定的出台距离汉密尔顿提出增援要求间隔了一个多月。英国增援的3个师到达加里波利半岛时，7月已经过去。使得协约国军队发动苏弗拉湾战役的时间推迟了一个月，到8月6日才发动。在协约国军队推迟的一个月中，奥斯曼帝国政府向加里波利半岛增派了10个师的兵力。

第二节　地形条件

　　加里波利半岛地形复杂，不易于部队的大规模登陆作战。奥斯曼军队作为防守的一方，能够很轻松地占据有利的地形位置。半岛复杂的地形有利于奥斯曼军队隐藏位置，减少敌方舰队对自身的杀伤。在大部分的战斗中奥斯曼军队居高临下，可以轻易打退协约国军队的进攻，并可以做到进退自如。在加里波利战役的各个战线上，奥斯曼军队均处于有利的战斗位置，他们在战前已经在半岛的高地驻防。战争爆发后，能够迅速把握战机，抢占关键的地区。有利的作战位置使奥斯曼军队在作战过程中往往可以凭借少量的兵力挡住敌方大批部队的进攻，等待援军过来对敌人发动反击。奥斯曼军在海峡狭窄通道处布设水雷障碍，利用海岸突出部及海峡两岸有利的地形设置岸炮和机动炮兵，建立了较完善的防守阵地。

　　英法军队作为进攻的一方，面对加里波利半岛不利的登陆条件，只能选择为数不多的地点进行登陆。在登陆后面对居高临下的奥斯曼军队，始终处于不利的进攻位置。在4月25日的进攻中，英法军队在几处采取地点佯攻战术，进行假装性的进攻。在奥斯曼军队反应之前，英军有机会占据了几处登陆场地，并取得了一定程度的推进。等到奥斯曼军队快速反应，占领制高点以后并组织好兵力的时候，英军迅速处于不利的作战位置，双方形成了战壕战的相持局面。在英法军队登陆的海勒斯角和澳新军团登陆的安萨克湾，这两处地区地形均比较复杂，山坡陡峭，登陆地区缺乏淡水资源。这些对于他们发动进攻和坚持战斗极为不利，需要从远处运淡水过来。英法军队在苏弗拉湾登陆地区淡水资源丰富，且地势开阔，但是在登陆后，领导人无能，没有指挥部队迅速抢占制高点，使他们陷入到被动境地。[1]

---

[1] Peter Doyle, "Matthew R. Bennett Military Geography: The Influence of Terrain in the Outcome of the Gallipoli Campaign, 1915", *The Geographical Journal*, Vol. 165, No. 1, March 1999, p. 12.

第三节 指挥官能力

以桑德斯和凯末尔为代表的杰出指挥官是奥斯曼军队获胜的重要保障。奥斯曼指挥官大部分参加过很多战争,指挥作战经验丰富。桑德斯为首的德国军官才能突出,在战斗过程中,他对奥斯曼军队进行了灵活的部署并实现统一指挥,可以随时根据战场形势变化调整兵力部署,合理配置兵力。

加里波利战役中奥斯曼帝国的胜利很大程度上要归功于桑德斯的杰出领导和指挥。在英法舰队发动海峡攻势的早期,桑德斯以自己的冷静安抚奥斯曼和德国部下恐慌的情绪。要求部下严格贯彻其军事策略。桑德斯和部下凯末尔彼此不喜欢。凯末尔战前反对奥斯曼帝国加入德国一方,认为应当保持中立。凯末尔认为德国无法取得战争的胜利。在加里波利战役期间,桑德斯对于凯末尔多次违抗自己的命令表示不满,但还是欣赏凯末尔的才能,拨给他6个师让他指挥。对于凯末尔,他这样评价:"土耳其军界的希望之星坚定地和不屈地抵抗着协约国军队猛烈地攻击,他发挥的能量可以提升整支部队的信心。"[1]

英国海军在达达尼尔海峡初期的攻势迫使奥斯曼帝国进行新的军事部署。恩维尔帕夏主张沿土耳其海峡两岸平行布置兵力,而且要取消亚洲海岸达达尼尔海峡入口处的防守。在桑德斯的抗议下,未付诸实施。桑德斯将防御重点放在达达尼尔海峡两岸和博斯普鲁斯海峡两岸,而在马尔马拉海沿岸少量布置兵力。因为奥斯曼军重点防御的对象是从达达尼尔海峡进攻的英法军队和有可能从博斯普鲁斯海峡进攻的俄国军队。[2]

在桑德斯的指挥下,奥斯曼军队利用英法军队拖延进攻的6周宝贵时间,迅速完成了在加里波利半岛的兵力部署和调遣。根据敌军可能

---

[1] Sean Mcmeekin, *The Berlin-Baghdad Express: The Ottoman Empire and Germany's Bid for World Power, 1898 -1918*, London: Penguin Books, 2010, p. 189.

[2] Liman von Sanders, *Five Years in Turkey*, East Sussex: The Naval & Military Press, 2012, p. 54.

从几个地点同时登陆,他采取了有选择的重点防御和机动兵力协防相结合的战术方针。在桑德斯的指导下,奥斯曼军将兵力作纵深梯次配置,将少部分兵力配置在前线,将主要兵力配置在要地。奥斯曼军队在敌军可能登陆的地区设置铁丝网,埋设地雷并挖战壕和设置机枪阵地,利用密集火力杀伤敌人。主力部队机动作战,对敌人实施反击。

在战斗过程中桑德斯反应敏捷,分配兵力合理,使得奥斯曼军在各个防区均处于有利的战斗位置。桑德斯还集中力量改善加里波利半岛的道路状况,他指挥奥斯曼军队对道路进行了修复,架设桥梁。尽管难以完全预测英法军队的登陆地点,他还是最大程度地保持了军队的机动性,使己方能够进行快速的反击。所有这些都选择在夜间进行,以躲避协约国飞机的侦察。在桑德斯的指导下,奥斯曼军队还在半岛上建立了补给站和野战面包房,这些对于坚持作战是必不可少的。在人员不足和材料短缺的情况下,奥斯曼军做了充分的战斗准备。

战斗过程中,桑德斯临危不惧,沉着应战,协约国军队4月25日的多点登陆作战在奥斯曼军的指挥部里引起了很多指挥官的恐慌。但桑德斯在判断敌情后,沉着应战,从容将军队由半岛北部调往澳新军团登陆的安萨克湾和海勒斯角前线,有效地阻止了协约国军队的攻势。桑德斯对此保持冷静,显示了作为一个合格指挥官的才能。他经常亲自出马,身临前线,负责部队的指挥和调遣。为了抵消协约国军队的舰炮优势,他组织部队进行夜间作战。另外,他指挥部下把战壕挖得靠近协约国军队的战壕,双方部队距离的接近使得协约国军队的舰炮无法发挥作用。

桑德斯在激励奥斯曼军士气方面的工作做得非常成功。他知道奥斯曼军队武器装备落后这一现实,但他欣赏奥斯曼军队的战斗能力。康伦吉赛尔曾经这样评价奥斯曼军队:"奥斯曼军队号称'阿斯卡尔',[①]教育程度很差,但是勇敢而可靠。在物资方面极易于满足,对长官绝对服从。土耳其人非常愿意为有魄力的领袖拼命。"从协约国方面来讲,在陆地进攻阶段,在加里波利半岛上登陆并肃清海峡两侧的

---

① 阿斯卡尔,指安纳托利亚人和色雷斯人。

奥斯曼防御兵力，可以使海军可以顺利通过。这种军事行动的成功必须有高度的领导能力和大无畏精神。但在协约国指挥官的身上，恰恰看不到这些东西。而在桑德斯的身上，我们看到了满足战争胜利的领导人的必备素质。[①] 为了应对协约国军队在半岛可能的地点发动的攻击，桑德斯将奥斯曼帝国第5军团平均分成三支部队，每只部队有2万名士兵和50门大炮。为保持三支军队之间的联系，桑德斯指导奥斯曼军队改善了半岛的交通条件，并把船只集结到海峡上的合适地点，最大程度上保持部队的机动性。

凯末尔在驻防加里波利半岛时仅仅是一个奥斯曼军队实力较弱的预备第19师师长，但是他很好地把握住战争给予他的每一个机会。在4月26日抵抗澳新军团在安萨克湾登陆推进的过程中，他反应迅速，火速增援，成功地阻挡了澳新军团的攻势，保住了扼守半岛最重要的高地。凯末尔在战斗过程中能够做到正确判断形势，当机立断，在战机出现的时候迅速投入战斗。在战斗中，凯末尔作战勇敢，被炮弹弹片击中受伤，这种作风鼓舞了奥斯曼军队的士气。在指挥将士进行作战时，他说出令世人颤抖的话，他说："我在这个地方要求你们死在敌人的炮火之下，我不是要求你们去进攻。你们死后自然会有其他的将士来接替你们的位置。"[②]

在8月份的苏弗拉湾登陆战役中，凯末尔再次指挥奥斯曼军队挡住了英军的进攻，使整个战局转危为安。凯末尔作风硬朗，他指挥下的军队战斗力强悍，给予英法军队沉重打击。肖恩·麦克米金这样评价凯末尔在加里波利战役中的表现，"勇气、胆识加上精明的战术的结合使得凯末尔成功地守住了扼守加里波利半岛最重要的高地，这些地方至今以'凯末尔之地'存在于土耳其人的记忆之中"。[③]

加里波利战役中，凯末尔充分显示出自己的勇气和指挥才能。在预感和发现到澳新军团的进攻动向后，凯末尔迅速把握战机，在不向

[①] 李岩、高明编：《第一次世界大战史画》，北京：蓝天出版社，2005年版，第222页。
[②] 中国中央电视台新闻频道（CCTV-13）2015年3月18日报道。
[③] Sean Mcmeekin, *The Berlin-Baghdad Express: The Ottoman Empire and Germany's Bid for World Power,1898 -1918*, London: Perguin Books, 2010, p. 187.

桑德斯请示的情况下，率军快速向战场推进。凯末尔的行为激发了奥斯曼士兵低迷的士气，他说："此刻不能逃跑，只能与敌人作战。当你们没有弹药的时候，你们还有刺刀。当我们都阵亡的时候，后面的部队会接着我们继续战斗。"① 在战斗过程中，凯末尔一直身处最前线，亲自指挥部下将大炮配置于合适位置，冒着枪林弹雨指挥作战。这些都激发了奥斯曼军队的士气和作战信心，使他们在澳新军团的强攻下成功占领并守住了扼守半岛的高地。凯末尔在加里波利战役中表现出来的军事成就是他自身眼界、勇气、果断和坚持的结果。在8月苏弗拉湾战线的战斗中，凯末尔深入前线指挥作战，被敌方子弹击中，幸好有怀表阻挡，没有受重伤，其部下认为凯末尔得到安拉保佑，是为土耳其民族而生的。这些素质在之后他领导土耳其民族解放战争中再次得到显现。② 通过加里波利战役，凯末尔在奥斯曼帝国军政界迅速崛起。

除了桑德斯和凯末尔之外，其他德国和奥斯曼指挥官也为奥斯曼帝国取得加里波利战役的胜利作出了重要的贡献。在协约国2月海上攻势开始前，奥斯曼帝国军队要塞指挥官穆罕默德·希勒米（Mehmet Hilmi）贝伊对手下发布战斗命令："不要顾及受伤和死亡，假如我牺牲了，跨过我从我身上通过。假如我受伤了，不用管。我将和你们一样执行此命令。"③

在作战过程中，奥斯曼军队经常发生炮弹不足的困境，为激励士气，奥斯曼指挥官常使用空炮弹进行炮击，使自己的士兵们以为他们能够得到炮火支援。为了最大限度地削弱协约国军队登陆时的舰炮火力优势，奥斯曼军指挥官经常带领士兵发动夜间攻击，取得了很好的效果。在夜间，舰队不能够给登陆部队很好的配合。④ 奥斯曼军队的

---

① M. N. Byrne, "Mustafa Kemai Atarturk — Commander and an Effective Leader", *Geddes Papers 2003*, p. 23.

② Ibid., p. 25.

③ Tolga Örnek, Feza Toker, *Gallipoli: The Front Line Experience*, Strawberry Hills NSW Australia : Currency Press, 2006, p. 7.

④ G.S.Patton, "The Defense of Gallipoli: A General Staff Study", p. 15, http://www.doc88.com/p-9763610341131.html.

指挥官都身临战斗前线指挥作战，这对于激励士气也起到很重要的作用。德国军官和土耳其人军官大部分由于语言问题存在沟通障碍，但是他们克服这些障碍，实现成功合作。

而英法一方的指挥官在指挥作战能力方面欠缺。英军指挥官在第一次世界大战以前很少有作战经验，参加的最大规模的战争是布尔战争。[①] 战前，英国指挥官普遍存在骄傲自大、盲目轻敌的心态。鉴于奥斯曼帝国在一战爆发前的意土战争和第一次巴尔干战争中的失败表现，汉密尔顿以为奥斯曼军队不堪一击，英法舰队能够轻松占领加里波利半岛，为协约国战舰打开达达尼尔海峡通道，并迫使君士坦丁堡的土耳其人投降。从战略思想上，他是在低估奥斯曼军队的战争素质的基础上产生上述信念的。当派遣训练有素的英国军队前往加里波利半岛的建议被提交战争委员会讨论时，基钦纳让同僚们相信他不会从西线抽调兵力。奥斯曼军队的实际战力远远超出英法预期。基钦纳勋爵坚信英军在马尔马拉海巡游一圈即可取得成功，仅仅派澳大利亚军队就足以完成任务。可以把一支驻扎在埃及并即将前往西线战场的澳大利亚军队调至加里波利半岛作战。

开战前，英国地中海舰队代司令卡登曾经对丘吉尔说："如果舰队配有足够的扫雷艇，他能在3天内拿下君士坦丁堡，而且不需要大量援兵。"[②]

在派遣第29师到加里波利半岛作战时，基钦纳选定汉密尔顿担任总司令。汉密尔顿当时已经年过7旬。他作战经验丰富，在布尔战争中汉密尔顿曾担任过基钦纳的参谋长，在基钦纳的眼中，汉密尔顿有相当的作战经验，态度诚恳，有骑士风度和文人气概。但是他却缺乏决断能力。基钦纳与他讨论情况时这样向他说："假使舰队通过了，君士坦丁堡就会马上陷落，则你不仅已经赢得了一次会战，而且也已赢得了一场战争。"但是没有给他任何具体的指示，只把一份旧地图给他。

---

① Edward J. Erickson, "Strength Against Weakness: Ottoman Military Effectiveness at Gallipoli, 1915", *The Journal of Military History*, Vol. 65, No. 4, Oct 2001, p. 1004.

② [美]梅尔著：《一战秘史：鲜为人知的1914—1918》，何卫宁译，北京：新华出版社，2011年版，第179页。

在1915年3月份海上进攻受挫后，德·罗贝克将军没有表现出一个优秀指挥官该有的品质。他过高地估计了己方的损失和奥斯曼军的战斗力，使得己方的士气和意识受到很大影响。在当时，英国海军部应通知德·罗贝克会增派5艘军舰赶来增补舰队的损失，法国也表示增派军舰支援，要求德·罗贝克不要放弃进攻，不能让奥斯曼军队的要塞修复；不要让己方进攻任务的明显中断鼓舞奥斯曼军队的士气。此时，奥斯曼军队的意志比英国军队更加消沉。奥斯曼为了抵抗协约国军队的入侵，已经消耗大半的弹药，水雷储存也已用罄。奥斯曼军队每门炮中只剩下八发炮弹，除了已经布下的水雷以外也再无补充，同时在短时间之内也不可能获得任何补给。"英法舰队的撤退，可以算是机会在历史中成为决定因素的一切奇怪例证"。[1]炮手士气低落，奥斯曼军和德国军官的一般看法认为，他们无法抵御联军再次发动的攻击。但是，德·罗贝克行事犹豫，刚开始企图重新发动进攻。但是他又改变想法，在1915年3月23日给海军部发电报中表示，如无陆军的支援，舰队无法突破奥斯曼军的防线，所以，在这方面准备妥当之前，他认为任何进一步的行动必须延期。这份报告使得英国海军部改变了对战争的看法，海军部倾向海陆联合进攻的人占了主流。

　　3月12日，德皇获悉奥斯曼军队在达达尼尔海峡的弹药不多，便立即致电德国驻达达尼尔海峡的沿海防务和布雷总监乌泽多姆海军上将，确切地告诉他：供应弹药的一切准备工作正在进行中，他正考虑派遣一艘德国或者奥地利潜艇前往达达尼尔海峡。该电报用最机密的无线电密码发送。但是很快被英国海军情报部门（海军部40室）截获并破译。次日，丘吉尔意识到奥斯曼军队的弹药肯定快要用光了。费希尔也因此坚定了让海军发动进攻的决心。3月14日，丘吉尔致电达达尼尔海峡舰队司令卡登，把截获的电文向他进行了说明，指示他必须坚决地、有条不紊地、夜以继日地展开攻势。不可避免的损失必须接受。但是舰队在3月18日进攻受挫后，因为种种原因没有再发动攻

---

[1] 李岩、高明编：《第一次世界大战史画》，北京：蓝天出版社，2005年版，第220页。

势,这一切显示出英国决策层和指挥层的重大问题。① 如果德·罗贝克立刻返回海峡,他完全有可能成功。但是他没有这么做。这一点让奥斯曼军队和德国军官相当吃惊,他们正希望德·罗贝克赶快走。虽然奥斯曼军队的大部分炮火还能工作,布置在纳罗斯的几门遭到严重破坏的重炮也被修理好,但是弹药的库存低到危险的程度(英国人知道这个事实),而且补给非常困难。在整个海峡战区,奥斯曼军队只有不到30枚穿甲弹,水雷也用完了。君士坦丁堡的官僚们正向城外搬家,政府正准备逃跑。奥斯曼帝国和德国方面以为英法舰队在3月19日,会继续发动进攻,紧张情绪在奥斯曼帝国国内持续了好几周。大部分的奥斯曼和德国军官认为英法舰队的再次进攻会成功。② 奥斯曼指挥官莫顿将军表示,"我已经预感到英军会在次日从新来进攻,我已经做好了撤往安纳托利亚的准备,没有想到他们没有过来"。③

时任美国驻奥斯曼帝国大使摩根索认为3月18日以后英法舰队如果发动进攻会取得成功。根据当时他对君士坦丁堡情形的了解,当时的奥斯曼帝国政府不是一个团结的政府,中央政府掌握在三巨头手中,他们对全国的控制显得很薄弱。各地对于中央政府表现出一定程度上的不服从。塔拉特帕夏此时已经准备逃往安纳托利亚,恩维尔帕夏表示要坚决抵抗。各地少数族裔反叛倾向明显。农民反抗政府的征粮活动频发。④ 摩根索认为英国政府对于攻占君士坦丁堡缺乏热情,因为一旦成功,它将不得不将君士坦丁堡交给俄国。丘吉尔对此批评说,"他们(英国当局)没有给我的计划一个公平的实践机会,他们应该让海军进攻贯彻到底"。⑤

---

① [英]马丁·吉尔伯特著:《20世纪世界史》第一卷(上),中国社会科学院世界历史研究所译,西安:陕西师范大学出版社,2001年版,第402页。

② Henry Morgenthau, *Ambassador Morgenthau's Story*, New York: Doubleday Page & Company, 1918, p. 140.

③ Galllipoli's Deep Secrets, National Geographic Channel, http://www.natgeo.com.cn/programme/ 2010-12-14.

④ Henry Morgenthau, *Ambassador Morgenthau's Story*, New York: Doubleday Page & Company, 1918, p. 142.

⑤ Galllipoli's Deep Secrets, National Geographic Channel, http://www.natgeo.com.cn/programme/ 2010-12-14.

对于登陆作战缺乏准备，以至于造成很多非正常伤亡。对于登陆作战，协约国方面准备不充分。汉密尔顿对于要进攻的目标缺乏了解，英国战争决策高层根本没有想到会进行登陆作战，他对加里波利半岛的了解来自1912年的奥斯曼帝国陆军操典、一张不完善的作战区域地图和在最后一分钟冲进当地书店买来的君士坦丁堡旅游指南。[1] 汉密尔顿从英国启程时没有选定在半岛的登陆地点，加上其指挥能力欠缺，浪费很多宝贵的时间，没有在奥斯曼军队防御部署还没做好的时候发动进攻，丧失了攻击的最好时机。优柔寡断使得汉密尔顿多次丧失战机，相反德国军官桑德斯指挥能力高超，总能利用英军的失误进行高效的战略调整。汉密尔顿对于部队后勤工作的指导及其不到位，在奥斯曼军队拼命赶筑工事时，第29师在亚历山大港慢吞吞地下船，又发现其装备只适宜于在道路良好的国家中进行机动化的战争。他们缺乏火炮、弹药、医疗设备和战壕工具。

4月26日，汉密尔顿对于战局持乐观态度，而其手下态度消极，致使官兵们缺乏奋战精神。英法军队一方多次在实现成功登陆后浪费了宝贵的出击时间，使得奥斯曼军队利用机会快速调兵，发动反击，使得他们在对海勒斯角的奥斯曼军队占据兵力优势的时候，没有利用好机会进军，错过了不少战机。第29师师长韦斯顿以自己部队疲惫为由，决定在法国军队从海峡对岸伴撤过来之前不打算进行任何的进攻。他认为奥斯曼军队将会强攻，并为此忧心忡忡。实际上到4月27日，奥斯曼军队在海勒斯角只有5个营的兵力，扣除战斗伤亡，实际兵力可能只有2个多营。英法军队到28日发动进攻时，兵力上的优势已经不存在。

政局变迁后，英国政府继续支持在加里波利半岛的作战。英国新组建由三个师组成的第9军。汉密尔顿要求任命能力突出的拜恩或者罗伯森担任第9军的军长。而两人此时均在西线前线作战。汉密尔顿的这个要求遭到了反对，在英国军界讲究论资排辈，他们两人的资历都比在第9军第10师担任师长的马洪将军资历浅。受制于人事法规的限制，

---

[1] 该地图采用的数据是法国军队在1854年克里米亚战争期间绘制的。

英国政府最终选定斯托普福德中将担任第9军军长。

斯托普福德中将时年61岁，体弱多病，无指挥作战的经验，他是一位和蔼可亲、颇有教养的绅士，15年前他曾参加过南非战争，担任军事秘书。他在担任伦敦军区司令后于1909年离开军队，到大战爆发之前始终身体欠佳，已退出军界。一战爆发后随着英国陆军的大规模扩张，他重新服役。基钦纳委任他负责一个军团的训练任务。斯托普福德首次就任高级和负直接责任的位置，要面对敌人实际指挥作战。夜间在半岛海岸登陆时他的心情自然不安，在英军成功登陆之后他变得成功而轻松。在英军登陆之后的8月8日，英军在海滩休整了一天。在战斗期间，斯托普福德一直呆在海上的军舰上，没有在半岛上建立指挥部，使他不能对部下实现有效的指挥。8月8日一整天，胜利女神一直都把大门敞开着，可是他却偏不进去。英军也没有一人前进。在滩头上一片和平景气，好像童子军露营一样。但同时在同一日光下，奥斯曼帝国的援军却在用强行军向前线飞奔。8月7日和8日是危机之日，而8月9日和10日则为决定之日。到了8月9日，奥斯曼军队开始发动反攻使英军再也不能越雷池一步。到8月10日，会战结束。英军5万多人中死伤和失踪总数为1.8万人。

在8月份的战斗中，协约国军队在8月6日成功发动了奇袭。指挥官的无能使英军丧失了绝佳的进攻时机。在军队预备队没有到位之前的36小时内，奥斯曼军队只有一个半营兵力阻挡英军的推进。等到汉密尔顿再派出指挥官的时候，进攻的时机已经丧失。致使战局急剧恶化。协约国军队总司令汉密尔顿在苏弗拉湾战役开始后的几天，一直在军舰上指挥战斗。这就造成他只能通过手下的汇报掌握实际战况，信息传递的不准确使他不能及时了解真实的战况，影响了作战。在发现前线指挥官拖延时间浪费战机时他才匆忙赶到前线。但是这不能阻止战机的丧失。英军在8月8日可以兵不血刃占领的地方，到8月9日即使付出惨重代价也不能占领。奥斯曼指挥官快速动员兵力增援前线，成功阻止了敌人的进攻。

英军的主将对于将兵之道一无所知。斯托普福德没有和部队一同登陆把他的指挥所设在岸上。当部队在岸上作战时，他一整天没有离开过军舰。而汉密尔顿自从"伊丽莎白女王"号战列舰撤走以后,就把司令部设在一个小岛上。据英国官方战史的记载,在8月7日一整天内,这位总司令对于作战完全不加以控制。他们这种无为的态度可以算是世界大战中的"危机"之一。假使他们能够亲临前线,并坚决督促部队前进,则战争的前途可能完全改观。当英军的总司令坐在他的岛上等候消息,第9军军长坐在船上对于其部队已经登岸的事实感到十分满意时,两位将军都在以看赛马的姿态来欣赏一场竞赛。反过来,对方的指挥官却完全不一样。桑德斯像一团烈火一样地活跃。在夜间他骑着马到处搜寻援兵。而他手下的凯末尔师长更是身先士卒,英勇无比。[①] 与斯托普福德相比,凯末尔在战争过程中表现出了自身大胆和卓越的一面。在苏弗拉湾战役中,协约国集团军队有很多机会去改变战局,但是由于指挥官斯托普福德中将的懒散和无能,丧失了很多战机。英军的作战受困于坚强领导的缺失,汉密尔顿的命令下属经常不执行,在作战过程中往往自我行事,浪费了大量的战机。

第四节 情报工作

奥斯曼帝国政府对英国的情报工作做得非常到位,使得对英军的动向了解得很不错。奥斯曼帝国在地中海各港口的情报人员发回了大量有价值的情报,使奥斯曼军队知道了英国将在初期的海上攻势失利后准备发动陆上攻势。英军在亚历山大港和开罗曾公开进行过部队检阅,这些很难逃过奥斯曼帝国政府在埃及的情报人员的眼线。奥斯曼情报人员通过分析英国舰队在东地中海地区大规模的反复装载和运兵行动,正确判断了英军的作战意图。

而英法一方在这方面做得很不到位。对于加里波利战役的作战计划,英国内阁进行了反复的讨论,不停地开会。在1915年1月13日,丘吉尔在战争会议中提出他的计划,并指明若攻击无进展,则炮击可

[①] 李岩、高明编:《第一次世界大战史画》,北京:蓝天出版社,2005年版,第224—225页。

以停止而舰队也可以撤回,此计划在战争会议上被通过。1月15日,丘吉尔电告卡登说:"越快开始行动则越佳。"1月19日,丘吉尔又电告尼古拉大公英国政府已经决定攻击达达尼尔海峡。1月28日,战争会议又开会讨论,费希尔仍然反对并再度认为波罗的海计划价值更大。基钦纳认为海军攻击可以发挥重大作用。格雷更希望因此可以决定整个巴尔干的相背。英国政府一再开会即浪费时间而且也泄露机密。当时的英国驻巴黎大使贝尔提勋爵说:"远征行动本来只有内圈知道,现在却已不是机密。"①

英军在亚历山大港和开罗举行过部队检阅。汉密尔顿的手下所收到的从英国本土经过普通邮件寄来的公文,其"收件人"栏中直书"君士坦丁堡野战军"。英国人员物资在埃及卸下重新装船,造成英国军事机密的泄露,使奥斯曼帝国了解英国的作战意图。② 在1915年4月初,奥斯曼帝国在埃及的情报人员已经掌握了敌人将要进攻的情况。③

第五节 军队的战术素养

奥斯曼军队在青年土耳其党上台以后,先后经历了意土战争、第一次巴尔干战争和第二次巴尔干战争,积累了丰富的作战经验,经历了血与火的历练。有学者认为,在1912年的意土战争中,奥斯曼军队在利比亚海岸抵抗意大利海军攻击时的作战经验有助于提升在加里波利战役中抵抗英法舰队的海军攻击。④

奥斯曼军队的作战效率远远高于协约国军队。在作战过程中,如果有好的指挥官作指导,能够爆发出强大的战斗力。在指挥官桑德斯看来,"奥斯曼军是一支训练有素、勇敢、忠诚和可信赖的军队。奥斯

---

① 李岩、高明编:《第一次世界大战史画》,北京:蓝天出版社,2005年版,第218页。
② [英]李德·哈特著:《第一次世界大战战史》,林光余译,上海:上海人民出版社,2010年版,第160页。
③ Kevin Fewster, Vecihi Basarin, Hatice Basarin, *Gallipoli: The Turkish Story*, New South Wales: Allen & Unwin, 2003, p. 48.
④ David Nicolle Phd, *The Ottoman Army 1914-1918*, London: Osprey, 1994, p. 5.

曼军士兵易于满足、好调动、无条件服从上级的指挥"。[1] 防守半岛的奥斯曼军队通过制造假的炮台吸引英法舰队炮火的轰击，浪费了英法舰队很多弹药。在战斗过程中，奥斯曼军队能够快速修复被破坏的防御工事。

奥斯曼军队在火炮战术的使用上很灵活，当英法舰队掩护扫雷艇扫雷时，以小部分的火炮压制敌军舰炮，而以大部分火炮打击扫雷艇，保护水雷阵地的安全。并通过成功实施布雷战术，使英法舰队在3月28日的进攻遭受重创。

伊斯兰信仰对于奥斯曼士兵的士气的激发起到了很大的作用。在奥斯曼军队作战的过程中，伊斯兰教宗教人士会利用伊斯兰教义对奥斯曼士兵进行鼓励，以提升士气。在战斗前，教士们会向士兵们进行宣教，如向士兵们念《古兰经》，鼓励士兵在英法舰队的炮击下操控大炮。在部队的指挥官阵亡后，教士们接替继续指挥部队战斗。[2] 在教士们的鼓动下，奥斯曼军队往往能够显示出高昂的斗志。学者埃兰·莫里哈德在研究加里波利战役时用这样的话进行描述："在加里波利半岛与奥斯曼军队进行作战的人说他们是正在与一帮充满野性的宗教狂作战，他们在教士的祈祷下，虔诚地杀向敌人……没有什么比这些战斗更加激动人心。这些人充满了宗教的狂热，狂怒地攻击异教徒。"[3] 在加里波利半岛的防登陆作战中，奥斯曼军队中的教士服务团发挥了重要的作用，在每次进攻或者防守作战中，教士服务团通过对士兵们进行说教，在他们的鼓动下，士兵们斗志昂扬地投入到战争中去，与协约国军队中存在大批的新兵相比，奥斯曼军队在士气方面无疑存在巨大的优势，特别是在战斗陷入胶着的时刻。奥斯曼军队中的专职教士门通常是杰出的人士，对士兵的影响很大。在奥斯曼军队的作战部队中以穆斯林信仰者居多，包括土耳其人和阿拉伯人，犹太人、亚美尼

---

[1] Kevin Fewster, Vecihi Basarin, Hatice Basarin, *Gallipoli: The Turkish Story*, New South Wales: Allen & Unwin, 2003, p.113.

[2] David Nicolle Phd, *The Ottoman Army 1914-1918*, London: Osprey, 1994, p. 17.

[3] Sean Mcmeekin,*The Berlin-Baghdad Express: The Ottoman Empire and Germany's Bid for World Power, 1898-1918*, Berlin: Perguin, 2010, p. 180.

亚人和希腊人则主要承担后勤保障工作和担任工兵。与协约国军队相比，奥斯曼军队生活条件艰苦、装备不足，文盲率高，但是却有着高昂的斗志和凝聚力。在对抗英法舰队的海上攻势时，奥斯曼帝国军队英勇作战。奥斯曼帝国的要塞炮台遭受英法舰队的猛烈炮击，指挥官穆罕默德在指挥炮兵战斗时表示："我知道在炮台前呆的越久越危险，现在只有我这里的一门炮对敌人射击，当我射击的时候我会成为敌人舰队集中打击的目标。但是开炮是我的职责。"①

英军中除第29师外其他的部队都是在战争爆发之后才招募起来或建立编制的，新招募的士兵，没有进行过严格的陆战训练和登陆作战训练，缺乏战斗经验，战斗力不高。在战斗过程中往往处于不利的地位。由于英国和法国陆军的主力在西线与德国作战，英国只能从帝国各地征召大量的年轻人参军作战。澳大利亚和新西兰的青年们在政府的动员下，积极入伍，"他们想得到由冒险带来的荣誉感，不少人谎报年龄参战，很多人年龄不足15岁"。② 海军突破阶段使用的扫雷船员全部是临时征集的希腊渔民，他们根本没有作战经验，在奥斯曼军的岸炮打击下，难以完成扫雷任务。

英国和法国海军在发动进攻前就盲目地对奥斯曼帝国在海峡的要塞进行炮击，这促使奥斯曼军队加强防御工事的修建，无疑增加了其攻击的难度。舰炮的直射很难对地形复杂地区的防御工事造成有效的杀伤，英法舰队对奥斯曼军队的工事的炮击没有取得明显的效果，英法舰队在不确定奥斯曼军在加里波利半岛准确的驻防位置时，进行了长时间盲目的射击，浪费了自身大量的弹药，没有取得很好的作战效果。海上进攻阶段，英法舰队缺乏警惕，不重视对扫雷区的保护，致使一艘奥斯曼军舰成功逃过巡逻，实施了成功的布雷战术，造成了自身舰队3艘驱逐舰沉没、4艘受重创的败仗。

---

① Tolga Örnek, Feza Toker, *Gallipoli: The Front Line Experience*, Strawberry Hills NSW Australia：Currency Press, 2006, p. 8.

② Galllipoli's Deep Secrets, National Geographic Channel, http://www.natgeo.com.cn/programme/ 2010-12-14.

第六节　内部凝聚力

在加里波利战役期间，奥斯曼帝国表现出高度的团结。恩维尔抛弃个人偏见，果断使用桑德斯指挥作战，在战争物资方面给予前线最大支持。德国尽力去支援奥斯曼帝国。离开德国的援助，奥斯曼帝国不可能取得加里波利战役的胜利。

而英法两国在这方面的表现差强人意。英国要协调与法国在西线作战，这使得英国只能在加里波利远征中逐次使用兵力，以至于后来机会的丧失。以霞飞为主的法国参谋本部强烈反对英国开辟新战线分散兵力。弗伦奇支持霞飞的观点。英法两国在西线的作战一直制约着两国在加里波利战役的作战。当英法两军在西线战场处于大规模攻势时，会造成加里波利战役前线英法军队弹药和兵力补给的困难。当西线战场的进攻停止时，能够增援加里波利战役前线的弹药和士兵。

1915年7月，英法政府高层在法国城市加莱举行军事会议。英法两国达成协议，暂时限制在西线作战行动的范围，实行积极防守。在此基础上，英国开始加里波利战役的准备工作。但是，法国的霞飞在会议结束后马上把协议扔到一边，在西线继续发动大规模的攻势。而基钦纳同意了法国的西线大规模进攻计划。丘吉尔坚信凭借现在的实力英法两国无法攻破德国在西线的防线，而且会影响加里波利战役的进攻。法国展开全面进攻的决定立刻导致参加加里波利战役的军队弹药和兵员的短缺。

1914年11月1日，俄国高层表示，如果通过战争不能够获取君士坦丁堡和土耳其海峡，一切都是无用的，战后这些地区必须单独属于俄国。而英国海军大臣丘吉尔11月24日指出，保卫帝国利益的关键是要占领土耳其海峡，说明英俄之间对于海峡地区存在很大的矛盾。[1]沙皇尼古拉二世在与法国驻俄大使谈话时明确提出："俄国要得到海峡

---

[1] G. S. Patton, "The Defense of Gallipoli: A General Staff Study", p.4, http://www.pattonhq.compdffiles.

两岸的领土,通过把奥斯曼帝国逐出欧洲、君士坦丁堡成为自由城市,为俄国战舰自由穿越海峡提供物质保证……"①

1915年初,在英法计划发动海峡战役时,俄国要求英国对之前作出的给予俄国君士坦丁堡和海峡的承诺以正式的保证。法国参加加里波利战役主要是处于自身利益的考量,法国不想英国单独在近东获取成功,于是派海军参加对达达尼尔海峡的行动。俄国在选择是否介入这场战役时存在一种矛盾的心态,丘吉尔建议俄军参加协约国两条战线的陆海攻势,从黑海进攻奥斯曼帝国。俄国方面认为这将增进对他们有利的形势,但同他们蓄谋已久的并吞君士坦丁堡和达达尼尔的意图有矛盾。对于英法的企图充满了疑虑,担心英法占有君士坦丁堡。②从实际情况看,当时俄国在黑海地区拥有较为强大的海军力量。一战爆发后,俄国黑海舰队拥有战列舰6艘(一艘为老式军舰)、巡洋舰2艘、驱逐舰17艘(其中新型9艘)、小型驱逐舰12艘和鱼雷艇17艘、潜艇4艘、布雷艇2艘和炮艇3艘。与奥斯曼帝国海军相比,俄国黑海舰队的实力明显占优。③但是,俄国的这种矛盾心态影响到协约国之间的战略配合。在英国要求希腊加入后,俄国的疑虑增加,担心英国想让希腊恢复对君士坦丁堡的控制。

协约国将分享这一胜利使俄国人感到不安。希腊打算出兵3个师从西面进攻君士坦丁堡,对此尼古拉二世表示强烈反对,俄国宁愿失去这一切,也不愿希腊人染指奥斯曼帝国领土;再次,在1915年3月到4月,英国、法国和俄国在经过复杂博弈和协商之后签订《海峡协议》,④协议规定战争结束后由俄国控制土耳其海峡和君士坦丁堡,这才协调了三方的立场。1915年4月,签订的《伦敦条约》再次协商了

---

① 赵军秀:《英国对土耳其海峡政策的演变(18世纪末至20世纪初)》,北京:中国社会科学出版社,2007年版,第107页。
② Pert Hart, *Gallipoli*, London: Profole Books Ltd., 2011, p. 20.
③ 楚水昂:《一支被两次凿沉的舰队 俄黑海军队悲惨命运的前世今生》,《舰载武器》,2010年第1期,第87页。
④ 《海峡协议》由英国、法国和俄国在1915年3月4日签订,协议规定战后君士坦丁堡和土耳其海峡归俄国所有,而英国和法国从奥斯曼帝国的其他地区获得补偿。

三方的立场。① 对于英法舰队在海峡发动的攻势，俄军没有给予英法配合。希腊开辟新战场的计划因俄国反对泡汤。3月22日，汉密尔顿与德·罗贝克进行会晤，德·罗贝克对于汉密尔顿的一些建议反应消极。海陆军在未经讨论的情况下，陆军开始了登陆任务。而德·罗贝克决定让海军退出战斗，将自身承担的责任全部加到陆军身上。使海军在极其不利的形势下承担了一项极端险恶而且至关重要的任务。对于该次会晤，德·罗贝克表示他改变主意是由于陆军将军向他建议所致，而汉密尔顿表示："我们刚一就坐，罗贝克就告诉我们，他已经很清楚，没有我们陆军的全力支援他无法通过海峡。"丘吉尔对此的看法是，德·罗贝克直到21日还认为陆军没有得到授权可以进攻半岛的任何地区，只有在舰队攻占航道之后陆军才可以占领半岛南端。当他得知陆军可以朝任何方向进攻后，而且只要他提出要求，汉密尔顿已经准备全力攻占半岛南端，他便立刻放弃了海军进攻的计划，请求陆军打开通道。"加里波利登陆计划就是在战略模糊与海军掣肘下诞生——诞生过程被和稀泥的接生术所糟蹋。"②

在开展海军和陆军联合登陆夺取加里波利半岛之前，英国战争委员会并没有就统一指挥问题达成一致。海军和陆军实际上是处于各自作战的状态。加上英国海军和陆军之间存在很多矛盾和分歧，无疑加大了作战配合的难度。战前，汉密尔顿没有能够树立起个人的权威，造成很多将领在作战过程中往往凭借个人意愿和能力决定战斗的开展，不服从汉密尔顿的指挥。

针对4月25日的登陆作战行动，在选择是白天登陆还是夜间登陆的问题上，英国陆军指挥官和海军指挥官之间出现了严重的分歧。汉密尔顿选择在夜间登陆，以制造出更多局部性的奇袭和减轻损失，但是这样做会失去海军舰炮的支援。海军普遍认为潮流很难把握，夜间登陆必然一团混乱。第29师师长亨特·韦斯顿为了避免混乱，赞同在白天登陆，他以海军的意见确定自己的想法。澳新军团指挥官伯德伍

---

① Pert Hart, *Gallipoli*, London: Profole Books Ltd., 2011, p. 21.
② ［英］李德·哈特著：《第一次世界大战战史》，林光余译，上海：上海人民出版社，2010年版，第159页。

德主张在夜间登陆。最终,协约国军队选择在夜间登陆。澳新军团因为黑夜和强大的潮流,向预定地点以北偏离了1英里,加上澳新军团因为黑夜迷路,进入了不熟悉的战斗位置,影响了登陆作战的开展。

3月18日以后,加里波利战役期间英法舰队在没有对达达尼尔海峡的狭窄段进行攻击,也没有去进行扫雷作战行动。德国和奥斯曼指挥官乘机将守卫海峡保护雷场的能够移动的中型大炮调集起来支援在半岛上作战的奥斯曼帝国第五集团军。4月26日,德国海军上将冯·乌泽多姆在开始执掌奥斯曼帝国守卫达达尼尔海峡的堡垒和海上防卫力量的指挥权。首批大炮于4月27日开始转移。5月23日,他向德皇威廉二世报告说已经将49门防守海峡的大炮移交给土耳其第五军团。这49门大炮中包括:6门8.2英寸迫击炮,8门6英寸野战榴弹炮,2门4.7英寸速射野战榴弹炮,9门4.7英寸野战榴弹炮,12门4.7英寸攻城炮和12门野战炮。[1]

综上所述,在加里波利战役中,奥斯曼帝国对于战争的准备进行得相对成功和有效,在战斗过程中占有了有利的作战位置,德国和奥斯曼帝国的指挥官在战斗过程中表现出了杰出的指挥才能,奥斯曼帝国的情报人员进行了卓有成效的情报收集工作,加上奥斯曼军队战斗经验丰富、作战勇敢,奥斯曼帝国内部精诚团结一心对敌,德国也给予奥斯曼帝国大力支援。

而英国政府内部,英国和法国之间对于发动加里波利战役存在很大分歧,这些导致两国不可能为战役制定合适的规划,更谈不上提供足够的支持,英国战争决策层自身的问题加上受到法国因素的影响造成对战役的决策效率低下,严重制约了战斗的开展,从指挥官的能力上看,英法两国前线指挥官的指挥能力低下,多次错失战机。英法军队在战争中处于不利作战位置除了客观因素之外,自身的失误也是很重要的影响因素。在情报保密方面,英国出现明显的问题,造成自身的不利局面。英法军队整体上缺乏作战经验,作战能力低也制约了其

---

[1] [英]温斯顿·丘吉尔著:《第一次世界大战回忆录》第2卷,刘立译,海口:南方出版社,2008年版,第475页。

作战。从战术层面上看，英国在战前前几个月的海上袭击是愚蠢的行为，提高了对手的警惕。英军的失败在于没有能够集中兵力占领必争之地、在资源不完备的情况下千里奔袭、兵员缺乏训练和战斗经验和糟糕的领导。这些因素共同促成奥斯曼军队在战役中的胜利。

第5章

加里波利战役的历史影响

加里波利战役作为第一次世界大战期间的重要战役，对于作战双方、一战中东战场、一战进程均产生了重要影响。加里波利战役是世界现代战争史上第一次大规模的海陆联合登陆作战，在登陆作战过程中，潜艇和飞机也配合作战，发挥了重要作用，使得加里波利战役具有现代化战争的雏形。加里波利战役成为后来研究登陆作战的经典案例，影响了后来各海军大国的海军发展战略，并对之后的登陆作战产生了重要影响，推动了军事学的发展。加里波利战役对于澳大利亚、新西兰两国的国家认同产生了重要的影响。在全球化时代的今天，加里波利战役成为澳大利亚、新西兰和土耳其共和国的共同精神遗产。学界高度关注和评价该战役，因为这场战役改变了很多参战国的命运，也因此影响了世界历史的发展进程。在本章中将分四节对加里波利战役的影响和意义进行分析。

第一节 加里波利战役对作战双方的影响

加里波利战役的胜利避免了奥斯曼帝国被占领的危险，英国和法国短时间内不能从正面对奥斯曼帝国造成威胁。

此战还对英国政局的变动起了一定的催化作用。加里波利战役期间协约国军队的糟糕表现引起了英国国内政局的改变。在1915年4月到5月之间的加里波利半岛登陆作战中，英军在付出很大代价的情况下，仍然没有取得很好的战绩，参战兵力损失三分之一，海军多艘战列舰遭到德国和奥斯曼潜艇击沉，而奥斯曼军队仍然控制着扼守半岛的高地。加上在西线战场欧贝斯山岭战役的失败，英国国内要求改变政府领导层的呼声日益强烈。前保守党首相A. J. 鲍尔弗乘机打击自由党在战时政府决策层的势力。保守党的领袖们正式告知首相阿斯奎斯，表达了他们对丘吉尔的不信任。阿斯奎斯同意免除丘吉尔的海军大臣职务并重组了一个新的联合内阁。军需生产的控制部门从陆军部中划分出来，成立一个新的军需部，由劳合·乔治出任部长。贝尔福接替丘吉尔担任海军大臣，掌管皇家海军，使保守党挤进了决定战争方向的最高决策圈。但是，英国政局的变迁并没有改变英国政府继续进行加里波利战役的决定。基钦纳向英国政府高层警告说，如果从加里波利半岛撤军，将使英国在全世界上的威望发生动摇。[①]丘吉尔离开政府，到西线战场当营长。丘吉尔为此还赢得了"加里波利屠夫"的称号。加里波利战役使得基钦纳在英国政坛的地位边缘化。1915年12月英国战时委员会决定在陆军部重建帝国参谋部，基钦纳享有的权力被废除。

"当时不可一世的大英帝国在这一战役中损失惨重，尤其是英国海军在战役中遭到严重削弱，国运由此渐衰。此后，日不落帝国的殖民地通过各种方式成为独立国家"。[②]英国在加里波利战役中海军共被击沉战列舰5艘，重创5艘，损失超过在英德日德兰海战中的损失。日德兰海战中，英国海军损失3艘战列巡洋舰，3艘铁甲巡洋舰和8艘驱逐舰。[③]在加里波利战役中，澳新军团为英国打头阵，战斗英勇，损失惨重，却被英国评为缺乏纪律。两国的国家和民族意识觉醒，最终摆脱

[①] 李岩、高明编：《第一次世界大战史画》，北京：蓝天出版社，2005年版，第223页。
[②] 中国中央电视台新闻频道（CCTV-13）2015年3月19日报道。
[③] ［英］彼得·哈特著：《世界大战1914—1918：一战中的关键战役和重要战场》，何卫宁译，北京：新华出版社，2014年版，第202页。

了英国的控制。加里波利战役后,英国政府成立专门针对加里波利战役的调查委员会,对英国惨败的原因进行调查。

加里波利战役的胜利使奥斯曼帝国暂时免于被瓜分的惨剧,使其继续投入一战。奥斯曼帝国保护了国家的独立。加里波利战役引发的连锁反应造成了有利于奥斯曼帝国的良好局面。奥斯曼帝国与主要盟国实现了连接,可以相互配合和支援作战。奥斯曼开始加强对俄国在高加索战线的攻势,并参与东线加利西亚对俄军的作战,对苏伊士运河发动攻击,有效地牵制了协约国在西线和东线对德国的攻势。

加里波利战役期间表现出色的奥斯曼军队第19师师长凯末尔在战斗中为自身赢得了充足的政治军事资本和荣誉,为以后在奥斯曼帝国政坛的崛起打下了坚实的基础。"在凯末尔的亲自督率下,奥斯曼军队最终取得了胜利,这是第一次世界大战中最重大的胜利之一。攻击部队第一天的目标——丘纳克贝尔峰始终没有落入协约国之手。第二天和第三天的目标——从东西的山坡冲下去推进至马亚马拉海岸边——也始终没有实现。在此后的3年半时间里,土耳其既没有失败也没有解体。到了那个时刻,凯末尔本人已做好准备,即将担任一个新生的土耳其共和国的领袖,这个共和国只是抛弃了原来的帝国,但未抛弃国家的荣誉和抱负。"[①] 英国官方战史编撰者阿斯皮纳尔上校对于凯末尔作出以下评价:"在历史上很少有一位师长曾经发挥过如此巨大的作用。在三次不同的机会中,他的影响是如此之大,不仅决定了这场会战的胜负,而且甚至于决定了这次战役的成败和一个国家的命运。"[②] 在参加加里波利战役之前,凯末尔仅仅是奥斯曼军队中的预备师第19师的师长,在奥斯曼帝国军界不受重视。依靠自身的杰出指挥才能,凯末尔在1915年6月份官阶晋升为上校,在战后晋升为将军,并被授予帕夏之职。在进行加里波利战役的过程中,凯末尔大大提升了自身的指挥艺术和才能,自身具备了指挥6个师作战的经验和能力,这些无疑对他在今后的帝国战争和土耳其民族解放战争的作战起到了

---

① [英]马丁·吉尔伯特著:《20世纪世界史》第一卷(上),中国社会科学院世界历史研究所译,西安:陕西师范大学出版社2001年版,第407页。

② 阎京生、刘怡:《战争史研究》,呼和浩特:内蒙古人民出版社,2008年版,第19页。

很大的作用。土耳其国内著名的历史学家云瑟尔·亚乌兹认为："奥斯曼帝国在加里波利战役中的胜利对于土耳其共和国的建立有着深刻的影响，对英法联合舰队的胜利鼓舞了当时积贫积弱的土耳其人，这场战役更是成就了当时奥斯曼帝国的年轻军官穆斯塔法·凯末尔，凯末尔在战斗中展示的杰出指挥才能为他领导土耳其独立战争奠定了基础。凯末尔和其他战士在战役中获得经验，确保了他们在独立战争中的胜利。"[1]

第二节　加里波利战役对于中立国和一战的影响

加里波利战役对于中立国和一战产生的影响是一个动态演进的过程。协约国军队在1915年4月25日的登陆作战在整个欧洲产生了重要影响。意大利、希腊、罗马尼亚和保加利亚等国认为协约国军队会摧毁奥斯曼帝国的抵抗。英国国内的政治危机明显消退。法国政府内部紧张的局势暂时得到了相应的缓解。英法军队在半岛的登陆作战很大程度上促使意大利同意加入协约国集团作战。英法两国与意大利在3月和4月进行的谈判到了关键阶段。4月26日，意大利与英国和法国签署了《伦敦条约》，意大利在战后从其边境地区、亚得里亚海区域和奥斯曼帝国的领土中获得好处。于是同意参加对同盟国的作战。5月4日，意大利宣布废除三国同盟协议。意大利将战争重点放在对奥匈帝国的作战，没有出兵参加加里波利战役。可以说，加里波利战役的爆发推动了意大利放弃三国同盟，加入协约国集团。

加里波利战役英法军队的作战不利，在很大程度上促使中立国保加利亚决定站到同盟国一方参战，致使塞尔维亚在保加利亚和德奥军队的两面夹击下被占领。一战爆发后，保加利亚选择中立，在协约国集团和同盟国集团之间待价而沽。它要求协约国保证把马其顿地区给予它，但是与协约国之间的讨价还价没有取得成果。保加利亚转而寻

---

[1] 中国中央电视台新闻频道（CCTV-13）2015年3月19日报道。

求与同盟国交涉,同盟国满足了保加利亚的要求。加上加里波利战役中协约国集团军队作战日趋不利,保加利亚选择了加入同盟国作战,推动了同盟国在巴尔干战线上的胜利。[1]在苏弗拉湾战役结局没有确定以前,保加利亚一直在关注加里波利战役的战况。在协约国军队苏弗拉湾战役失败以前,保加利亚对于是否参战持犹豫态度,选择了中立。加里波利战役的行动对保加利亚的决策和行动产生了重要影响。保加利亚的决策行动影响奥匈帝国和德国对进攻塞尔维亚的态度。1915年8月底,协约国军队在加里波利半岛发动的几次攻势均以失败告终。保加利亚政府决定加入德国和奥匈帝国一方,对塞尔维亚作战。在1914年的作战中,塞尔维亚军队成功地抵抗了奥匈帝国的进攻,奥匈帝国付出了惨重的代价,保证了本国的独立。1915年10月7日,德奥军队进攻塞尔维亚。塞尔维亚的北部和西部边境告急,但是还能够勉强支撑战局。英国和法国试图说服保加利亚保持中立,并提出以奥斯曼帝国领土作交换让保加利亚加入协约国集团作战,这样的话英国和法国军队可以帮助塞尔维亚有效抵抗德奥(匈)军队的进攻。英法军队在加里波利半岛作战的失利,促使保加利亚做出选择加入同盟国集团。保加利亚在加入战争以后,从东面攻入塞尔维亚,在德国、奥匈帝国和保加利亚三面围攻下,塞尔维亚被占领。同盟国集团内的各国连为一体,它们之间通过铁路连到了一起。德国驻奥斯曼帝国官员表示,如果没有保加利亚的军事支持,他们守不住加里波利半岛和达达尼尔海峡。[2]塞尔维亚在战争中遭遇惨重的失败,国家被占领,损失20万军队,15万军队逃亡到亚得里亚海沿岸,在英国海军的掩护下撤离。塞尔维亚战场的失利导致法国维维安尼政府的垮台,阿里斯蒂德·白里安担任新总理。[3]

协约国方面在加里波利战役中的表现影响了希腊政府的参战态

---

[1] Henry Morgenthau, *Ambassador Morgenthau's Story*, New York: Doubleday Page & Company, 1918, p. 170.

[2] Ibid., p. 165.

[3] [美]梅尔著:《一战秘史:鲜为人知的1914—1918》,何卫宁译,北京:新华出版社,2011年版,第234页。

度。1915年9月，协约国方面决定从加里波利前线抽调兵力支援塞尔维亚。这使得希腊国王康斯坦丁认为英法两国要放弃加里波利战役作战计划。如果这时选择加入战争，希腊不仅要应对保加利亚人的挑战，也要应对奥斯曼军队的挑战。英国政府官员格雷在和希腊的谈判中同意将塞浦路斯让给希腊，以拉拢希腊参加协约国。但协约国在加里波利战役中的失败表现使得希腊政府继续选择保持中立。

加里波利战役中英法战败，标志着协约国企图通过打击奥斯曼帝国中心地区以击败同盟国集团并打破西线战争僵局的努力的流产，双方被迫继续在西线陷入战壕拉锯战中。这次战役的策划者和支持者丘吉尔认为，发动加里波利战役具有重大的战略意义，可以从根本上改变战局。但他认为是由于英国内阁的分歧和错误决策葬送了原本可足以改变一战格局的胜利。美国学者彼得·哈特则认为协约国集团发动加里波利战役从一开始就是错误的，他的批评立脚点首先在加里波利战役发动的必要性上。在他看来，影响一战的最具决定性的战场是西线战场，只有在西线战场战胜了德国，才能从根本上赢得战争的胜利。协约国开辟新战场分散了投入西线的宝贵兵力，使得原本在西线作战困难的英法等国军队作战更加困难。他的观点属于典型的西线战场主导论。

整个第一次世界大战各个主要战场之间构成了一个完整的系统，西线战场、东线战场、南线战场和中东（奥斯曼帝国）战场构成了系统链条不可分割的一部分。其他战场的战局对西线战场会产生影响。如果加里波利战役中协约国集团赢得战争的胜利，奥斯曼帝国将被瓜分。巴尔干各国将参与到协约国作战或者至少保持中立，俄国将可以通过土耳其海峡实现和英法的贸易和援助，将在很大程度上改善俄国的武器装备和其他军事物资，提升俄军的战斗力。俄国与德国在东线作战失利的很大原因在于武器装备的落后和陈旧、后勤保障的低效。协约国如果能够通过援助提升俄军的装备水平，这必将对战局产生有利于协约国集团的影响，俄国将摆脱德国和奥斯曼帝国的封锁，而不是依赖北极摩尔曼斯克、阿尔汉格尔和远东符拉迪沃斯托克的少量补给。这将在东南欧和东欧给德国造成强大的压力，迫使德国从西线分散兵力,战局有可能改变。考虑到在一战爆发前,经过斯托雷平的改革,俄国已经成为当时世界上最大的粮食生产国和出口国。俄国有50%的谷物和90%的出口依赖从海峡输出,这种可能性无疑很大。"俄国在经过良好的组织和装备后,可以成为协约国方面的重要作战力量,并加速战局有利于协约国集团的改变。在战争中作为重要角色的俄国开始逐渐消失。英国和法国从加里波利半岛撤退导致这一战争巨头随波逐流,在混乱中挣扎,直到分解和毁灭。"①

假使加里波利战役协约国集团取得了成功,后果会非常惊人。俄国可能获救,巴尔干诸国会坚守中立或与协约国方面积极合作。塞尔维亚不至于被占领,奥斯曼帝国会被击败。这样当西线僵持不决时,联军却已经从东面对德国形成包围的态势。"若无加里波利的失败,则俄国沙皇也许不会那么快垮台"。而且在马其顿、美索不达米亚、埃及、巴勒斯坦等地的战役也都可能不会发生。这些战役会吸收大量的联军兵力。若把这些兵力集中起来,再加上巴尔干诸国的陆军,则协约国可以动用200万大军来对付奥匈帝国。这个帝国早已陷入两面作战之中,所以很有可能在1916年秋季之前即将崩溃。1915年8月8日是英军在苏弗拉湾登陆的次日,德国海军上将提尔皮茨说:"假使达达尼尔失守,则世界战争的结局即可能对德国不利。"② "对于协约国而言,占领达达尼尔海峡是世界上的最高奖赏,如果达达尼尔海峡失手,那我们在这次世界大战中就输定了。"英国首相劳合·乔治战后在下议院发表演讲时说:"如果我们的海军能穿过海峡,战争本来可以缩短两到三年。""和俄国建立直接和持续联系的希望随着加里波利战役的结束化为泡影。建立人员与军需物资方面的密切合作,南俄小麦的大量出口,扩大生气勃勃的贸易永远失去了机会。放弃加里波利半岛令俄国人梦想破灭。在最困难的岁月里,俄军在鲁登道夫的沉重打击下被赶出波兰,被赶出加利西亚时,当它的军队忍受灾难而且经常手无寸铁面对死亡时,当生活费用在她幅员辽阔的封闭里持续上涨时,俄国

---

① Henry Morgenthau, *Ambassador Morgenthau's Story*, New York: Doubleday Page & Company, 1918, p. 171.

② 李岩、高明编:《第一次世界大战史画》,北京:蓝天出版社,2005年版,第227页。

总是以君士坦丁堡这个巨大的战利品鼓舞自己。战争的延长对于俄国来说是致命的，在消耗战中俄国是第一个倒下的。"[1] 对于加里波利战役对俄国的影响，有学者认为："加里波利战役中奥斯曼帝国的胜利使俄国继续与英法两国处于隔离状态，同盟国的下腹部得到很好的保护，支援的缺乏继续打击俄军的士气和作战能力……奥斯曼人通过打败英国和法国并继续封锁港口为俄国革命的爆发作出了贡献。"[2] 加里波利战役中协约国的失败使沙皇俄国在东线继续单独面对德国的压力。奥斯曼帝国对土耳其海峡的封锁遏住了俄国的对外贸易通道，加速了沙俄的瓦解，最终爆发了二月革命。

第三节　加里波利战役对中东战场的影响

加里波利战役中英国作战的失败，促使英国开始在奥斯曼帝国的后方支持阿拉伯人发动民族起义，促成了麦克马洪在《麦克马洪—侯赛因通信》中对麦加谢里夫侯赛因建立的统一的阿拉伯国家的模糊承认。[3]

1915年7月以后加里波利战役陷入僵局并趋向恶化，英国政府对于中东局势的发展充满了忧虑，担心从加里波利的撤军会对埃及和印度的穆斯林产生不利的影响。为了避免局势恶化，英国开始和阿拉伯人进一步接触，推动了阿拉伯民族起义的爆发。在早期的英阿谈判中英国对于侯赛因提出的要求给予积极回应，但是在加里波利战役中英国战局恶化后，英国改变了对待侯赛因要求的态度，开始同侯赛因进行正式的谈判。[4] 1915年10月，奥斯曼军队中的阿拉伯人参谋官穆罕默德·谢里夫·法鲁基逃离奥斯曼军队，来到英国人的阵地上，主动

---

[1] ［英］温斯顿·丘吉尔著：《第一次世界大战回忆录》第2卷，刘立译，海口：南方出版社，2008年版，第536页。

[2] Henry A. Crouse, "The Sick Man's Last Fight: The Role of the Ottoman Empire in the First World War", *Pell Scholars and Senior Theses*, 2009, p. 40.

[3] 关于《麦克马洪—侯赛因通信》的详情见附录部分。

[4] 王伟：《英国与〈赛克斯—皮科协定〉》，北京：首都师范大学，2004年4月，第11—12页。

要求为争取更多的阿拉伯人支持协约国的事业做出自己的贡献。法鲁基对讯问他的英国人说，如果协约国能够立即发表宣言，承诺让阿拉伯、叙利亚、美索不达米亚和巴勒斯坦的阿拉伯人独立，阿拉伯人就会马上举行暴动，反对奥斯曼帝国。英国人开始与麦加的谢里夫·侯赛因进行谈判，侯赛因是阿拉伯地区反奥斯曼帝国武装的领袖。英国人正式致函侯赛因，表示同意在麦加的谢里夫提议的领土和边界范围内承认和支持阿拉伯人的独立。

加里波利战役之后，同盟国之间实现了相互的联系，英国、法国、俄国等传统大国失去了对奥斯曼帝国的影响和干涉。奥斯曼帝国在很大程度上摆脱了对欧洲力量的依赖和奉承。奥斯曼帝国相信他们已经赢得了战争的伟大胜利。青年土耳其党领导人看到了帝国复苏的迹象。土耳其人开始变得自大，开始鄙视带给他们现代化事务的欧洲人。奥斯曼帝国政府的自满情绪上升。[①] 奥斯曼帝国在加里波利战役之后，开始在高加索战场、也门等地重新发动进攻。奥斯曼军队攻占了英国在也门保护地的部分地区。在伊拉克战场，英军在库特遭遇惨败。奥斯曼军队还继续对英国在埃及的统治产生威胁。[②]

第四节　加里波利战役在世界军事发展史上的地位和作用

一、陆海空联合作战的雏形

加里波利战役作为世界现代战争史上第一次大规模的海陆联合登陆作战，在登陆作战过程中，潜艇和飞机也配合作战，发挥了重要作用，使得加里波利战役具有立体化作战的雏形。加里波利战役是第一次世界大战期间唯一的一次大规模两栖登陆作战。

[①] Henry Morgenthau, *Ambassador Morgenthau's Story*, New York: Doubleday Page & Company, 1918, p. 173.

[②] 孟庆顺：《1916—1918阿拉伯民族大起义述评》，《阿拉伯世界》，1990年第3期，第10页。

加里波利战役成为后来研究登陆作战的经典案例。飞机在作战过程中发挥了侦察作用，英国出动了水上飞机母舰作为飞机的作战平台，飞机从水上飞机母舰上起飞进行侦查作战，成为二战航母战斗群作战的雏形。英国皇家海军参加加里波利战役的水上飞机母舰有"皇家方舟"号和"彭米克利"号。"皇家方舟"号最初是一艘运煤船。1913年，英国海军部将该舰买下进行改装，改造成水上飞机母舰，1915年服役。该舰是英国建造的第一艘真正意义上的水上飞机母舰，排水量为7450吨，长112米，宽15.3米，吃水5.3米，可搭载10艘肖特式水上飞机，配有4门157毫米炮和2挺机枪。

"彭米克利"号也是英国海军部改造运输船建造的水上飞机母舰。该舰原来是英国的一艘大型海峡运输船。该舰排水量为3888吨，载有水上飞机4架，装备有自卫火炮。1915年该舰服役，同年8月12日，在加里波利战役中，英国空军查尔斯·埃德蒙斯中校驾驶该舰搭载的肖特式水上飞机，在马尔马拉海用365公斤重的鱼雷击沉奥斯曼帝国军队的一艘5000吨补给船，开创了舰载机用鱼雷击沉战舰的先例。8月15日，查尔斯中校又驾机在达达尼尔海峡北部发射鱼雷，击沉一艘奥斯曼帝国军队的运输船和一艘拖船，成功返航到"彭米克利"号水上飞机母舰上。[1]

以飞机、潜艇和水上飞机航母为代表的新型武器的使用使得加里波利战役具有现代化战争的明显特点。

作为当时世界上最早和最大规模的多兵种联合登陆作战行动，加里波利战役登陆作战的教训一直得到后来大国的重视和研究。加里波利登陆作战塑造和推动了大规模登陆作战理论和实践的发展。之后，英国、美国和日本等海权大国都积极学习和总结加里波利战役，为本国实施大规模登陆作战的理论和实践服务。[2] 在第二次世界大战以前，

---

[1] 参见陈书海、张正满等编著：《航空母舰——海军史上的里程碑》，北京：国防工业出版社，2007年版，第15页；吴凤明：《航空母舰与战争》，《现代军事》，1999年第5期，第26页；王向飞、安琳、陈宇：《开创诸多世界第一的肖特双翼水上飞机——回望20世纪20年代的韦斯特兰飞机公司》，《航空世界》，2016年第7期，第62—63页。

[2] Allan R. Millett, "Most Significant Amphibious Operation: Invasion of Gallipoli", *The Quarterly Journal of Military History*, Vol. 12, No. 2, Winter 2000, p. 18.

美国、日本进行了多次大规模登陆作战的演练，积累经验。英国通过吸取加里波利战役失败的经验教训，在海上登陆作战的登陆船和工程技术方面取得了大的突破。各国开始从加里波利战役得到的启示有：要增强对制海权的控制，防止水雷和潜艇的攻击；广泛使用海军飞机和快速登陆船；发展远程大炮和水陆两栖作战坦克等多功能坦克。"加里波利登陆战提供了登陆作战失败的典型案例，蒙在其头上的遮羞布到1942年、1943年和1944年被揭开。"①

二、加里波利战役对诺曼底登陆作战方案制定的影响

在1944年夏季盟国制定在法国北部的登陆计划时，作战决策层反复考虑认为必须吸取加里波利战役失败的教训。盟军对战役进行了及其精密的准备。②加里波利战役中的英法两国的战争悲剧对诺曼底登陆的胜利起到了重要的作用。正是吸取了英国海军在加里波利战役中的失败教训，美国才学会了如何组织大规模的登陆作战。③

为了准备诺曼底登陆作战，盟国于1943年1月决定组成战役计划参谋部，到1944年6月战役正式实施，期间的准备工作用了将近一年时间，作战计划制定得极为详密。如盟军计算出每一项活动所需的人力和物力；在情报工作方面，盟军查明了德军的兵力部署和抗登陆的准备情况，对登陆地区的地形、地质、气象和水文等情况多了深入的了解。为了登陆准备的方便，专门制作了人工港，对普通作战坦克进行了改装，制造出水陆两栖作战坦克，这些坦克在登陆作战中发挥了重要作用。

---

① Allan R. Millett , "Most Significant Amphibious Operation: Invasion of Gallipoli", *The Quarterly Journal of Military History*, Vol. 12, No. 2, Winter 2000, p. 19.

② Pert Hart, *Gallipoli*, London: Profole Books Ltd., 2011, pp. 460-461.

③ Colonel Joseph H. Alexander, "Hit the bench!" *Military History*, Sep / Oct 2008, p. 31.

第6章

加里波利战役的遗产

　　加里波利战役对一战后的澳大利亚、新西兰和土耳其共和国还存在着深远的影响。对于澳大利亚和新西兰两国来说，加里波利战役的遗产——安萨克精神是它们的重要财富，是它们民族认同和民族精神形成的重要来源。而土耳其共和国在一战后充分利用加里波利战役的遗产来塑造本国的民族主义认同、扩大对外交往和发展旅游业经济。

第一节　澳大利亚和新西兰民族意识的萌发

　　加里波利战役对于澳大利亚和新西兰的历史发展起到了重要作用，加里波利之战中，澳大利亚和新西兰军民的表现代表了两国的国家特征：英勇顽强和队友情谊。因此1915年4月25日是澳新军团登上加里波利半岛的日子，被定为澳新军团日，以纪念加里波利之战牺牲的澳新军团将士。澳新军团日在今天已成为澳大利亚和新西兰最重要的节日之一。参战部队英勇顽强作战，为国牺牲的勇敢精神永远留在了澳大利亚的史册里，成为澳大利亚民族精神的象征。在澳大利亚民族传统中，澳新军团日地位特殊且重要。① 加里波利战役在澳大利亚民族认同形成中扮演了重要的角色。澳大利亚前总理比利·休斯曾表示："澳大利亚诞生于加里波利的海滩上。"② 加里波利战役成为澳大利亚国家历史上有深远意义的重要事件。以加里波利战役为起点，澳大利亚政府开始了编撰国家战史的工作，负责编写国家战史的记者亲临前线，记录澳大利亚士兵的作战过程，这些要作为国家的档案。澳大利亚官方记者及时将最新战况准确地发回国内，让国民知道战争实情。这些做法与英国、法国、德国和奥斯曼帝国等国严格控制战争新闻报道产生了鲜明的对比，这些对于塑造澳大利亚人不同于英国的战争观起到了很大的作用。从记录加里波利战役开始，澳大利亚人有了自己的历史记录。澳大利亚官方史学家比恩认为澳大利亚军队在加里波利半岛安萨克湾的登陆作战的重要性可以和英国史上的黑斯廷斯战役相媲美。③ 加里波利战役对于发展澳大利亚人的国家概念有重大的意义，这一点得到其国内不少历史学家的认同，并引起广泛的讨论。有些学者认为加里波利战役使澳大利亚更像一个国家，而有的学者认为加里波利战役加深了澳大利亚与母国的联系。④ 加里波利战役中澳新军团士兵表现出来了勇敢协作和不怕牺牲的品质，形成了特殊的价值，如平等主义、强大的民主精神和一个自主国家强大的民族性。参加过加里波利战役的很多澳大利亚士兵意识到他们不可能再回到战前的政治和社会架构中去。⑤ 澳大利亚人也从过去对宗主国英国的无条件服从中逐渐觉醒，开始寻求自身的价值和政治抱负，对英国的离心倾向

---

① 限于资料的缺乏，本章重点探讨加里波利战役对于澳大利亚的影响。

② Kevin Fewster, *Bean's Gallipoli*, New South Wales: Allen & Unwin, 2007, p. 5 (The part of the Foreword).

③ 黑斯廷斯战役（Battle of Hastings），是1066年10月14日哈罗德国王（Harold II）的盎格鲁—撒克逊军队和诺曼底公爵威廉一世（William of Normandy）的军队在黑斯廷斯（英国东萨塞克斯郡濒临加来海峡的城市）地域进行的一场交战。黑斯廷斯战役，在英国历史上是一次重要战役，英格兰从此完成了统一国家的历史使命。黑斯廷斯战役是历史上最后一次对英国成功的军事入侵，自那以后再也没有人能成功征服英国。

④ Kevin Fewster, *Bean's Gallipoli*, New South Wales: Allen & Unwin, 2007, p. 17 (The part of the Foreword).

⑤ Ibid.

增加。

一战中的加里波利战役给了澳大利亚人面对世界的机会,澳大利亚作为一个整体向全球展示他们的士气,展示了他们作为一个独立国家的魅力。澳大利亚军人接触到各种文化,并产生了属于澳大利亚人的独特文化。加里波利这样一个充满死亡和痛苦的词语在澳大利亚有了一层荣誉、光荣和自豪的含义。加里波利战役使澳大利亚第一次在全球意义上有了自我的身份。澳新军团日在澳大利亚历史和文化中占有重要的地位,它标志着澳大利亚民族意识和民族认同的诞生,意味着澳大利亚作为一个真正的民族国家的开始。

1901年1月1日,澳大利亚联邦成立,在第一次世界大战以前,澳大利亚在内政方面享有自治权,但在国防和外交方面仍然从属于英国。加里波利战役对于促进澳大利亚国民意识的形成起到了很重要的作用。参战时的许多澳大利亚人相信他们的国家没有历史还不是一个真正意义上的国家。但加里波利战役改变了一切,战争中澳军死亡7600人,受伤19000多人。澳大利亚士兵所表现的非凡勇气和毅力被许多人称道。虽然它是一个失败的战役,但有人把这一战役称为最伟大的失败,因为它象征了澳大利亚的崇高精神,标志澳大利亚的民族身份的诞生。澳大利亚士兵向世人展示了一个新的民族形象:澳大利亚不再是英国的附属国,它有能力独立参加国际事务,为世界历史的发展做出自己的贡献。澳大利亚人正是通过这次战役开始摆脱了英国母体的束缚,也正是通过这次战役,澳大利亚人开始在基于伙伴情谊、勇敢、同情等传统文化的基础上获得了强烈的民族自豪感和认同感。1915年,当澳大利亚士兵在战场上的英勇事迹传回国内,澳大利亚著名诗人班卓·帕特森写下了"我们现在都是澳大利亚人"的诗歌,其中的一节是"一个民族展现的勇气,在钢枪铁炮中检验,现在我们知道国家所知,感受国家所感"。这首诗反映了那个时代澳大利亚民族身份变换后产生的心态变化。加里波利战役铸就了澳新军团精神。加里波利战役是澳大利亚立国后第一次派兵出国作战。加里波利战役对澳大利亚国民影响很大。虽然在战争中失败,澳新军团士兵作战勇敢不畏牺牲,赢得了盟军和奥斯曼军队的赞赏。有学者在评价这一点时表示:"澳新远征军为帝国(指英帝国)做出如此巨大的牺牲,但同时也锻炼培育出一支具有英勇善战传统的强劲国防军。不仅大大提高了澳新军队的声誉和地位,而且提升了澳新两国的声誉和地位。"[1] 澳新军团登陆的安萨克湾成为澳大利亚和新西兰民族的凝聚象征。许多澳大利亚学者认为通过加里波利战役等战斗,澳大利亚的国家身份真正形成。许多国家的神话故事往往以该国家发生的重大事件或者本民族共同的有代表性的过去为想象的主体。这些会成为国家的重要标志和形成国家的价值。国家从社会和政治的目的出发建构这些事物。独立运动和战争冲突往往是重要的选题。在参加一战前,尽管澳大利亚已经独立,但是对于很多澳大利亚人来说,作为一个国家还没有经历过战火的洗礼。从澳大利亚军队在加里波利半岛登陆开始,澳大利亚人开始意识到国家进入了新的时期。作为一个国家的意识诞生的种子开始在加里波利和欧洲其他战场播种。[2] 加里波利半岛是澳大利亚人成为其国家身份形成的安萨克神话产生的诞生地。[3] 产生于加里波利战役的安萨克精神成为澳大利亚和新西兰两国身份认同的重要组成部分,塑造着两国人民思考过去和未来的方式。

  曾经担任澳大利亚加里波利战役前线记者的澳大利亚历史学家查尔斯·比恩对澳新军团精神进行了界定并推广。比恩认为澳新军团精神代表英勇、进取、机智、忠诚、友谊和忍耐。澳大利亚历史学家肯·英格利斯(Ken Inglis)认为澳新士兵在战场上同来自英国本土的士兵一样英勇善战,他们卑微的民族出身使他们在战场上的表现尤显珍贵,在参战国中只有澳大利亚的军队完全是由志愿者组成。这些人为了祖国自愿献出自己的生命。而澳新军团所代表的传统与精神已经成为澳大利亚文化遗产的一部分,受到了澳大利亚政府的保护。学者马特·沃尔什(Matt Walsh)认为对于澳大利亚这个国家来说,军事史

---

[1] 张天:《澳洲史》,北京:社会科学文献出版社,1996年版,第155页。
[2] Craig Stockings, "The Anzac Legend and the Battle of Bardia", *War in History*, Vol. 17, No. 1, 2010, pp. 86-87.
[3] Nathan Wise, "Dig, Dig, Dig, Until You are Safe: Constructing the Australian Trenches on Gallipoli", *First World War Studies*, Vol. 3, No. 1, March 2012, p. 51.

是其国家和民族历史的重要组成部分。澳大利亚在其短暂的建国时间里创造了以安萨克传统和民族精神为代表的丰富军事史，这一传统和民族精神诞生于1915年的安萨克湾的海滩和加里波利半岛的群山和战壕中。从1915年4月25日到1915年12月19日之间的这段时间在澳大利亚的民族和军事史发展中有重要的位置。① 到加里波利半岛旅游的澳大利亚人总是被土耳其人问道"为什么你为一场失败庆祝"，澳大利亚人的回答是："加里波利战役对于我们来说是一场失败的战争，但是那不仅意味着我们在庆祝失败，我们更在庆祝安萨克传统的诞生，它对于我们的人民和国家很重要。加里波利被认为是我们国家建立的奠基石之一，它是神圣的。"②

从1916年起，澳新两国的澳新军团纪念仪式都在4月25日前后举行。1921年两国正式宣布4月25日为澳新军团日。澳新军团日还被定为国家公共假期。有澳大利亚学者评价说，澳新军团日像澳洲建国史一般成为神话的一部分。③ 1915年4月25日为澳大利亚人勇敢、有耐心和奉献的传统打下了很深的基础。④

在第一次世界大战以前，澳大利亚联邦国内没有国家性的纪念碑，在一战以后大量的纪念一战牺牲将士的纪念碑在国内大批兴建，加里波利战役是澳大利亚军队出国后的首战，参加加里波利战役的澳新军团成为澳大利亚政府建立国家认同的起点。⑤ 在堪培拉兴建的国家战争纪念碑是全国最大的纪念碑。1933年澳大利亚政府兴建的安萨克国家公园在堪培拉处于城市的最中心位置。一战后，澳大利亚很多城市的街道以"加里波利"等本国军队在欧洲作战的地名命名。"加里波利"一词在澳大利亚的编年史中占有很重要的位置。有学者认为，澳大利

---

① Matt Walsh, *Gallipoli: A Social Perspective*, Sydney: Dip Bus & Corp Law, 2005, pp. 1-26.
② Ibid., p. 18.
③ Galllipoli's Deep Secrets, National Geographic Channel, http://www.natgeo.com.cn/programme/ 2010-12-14.
④ Gallipoli and Australian Identity: 1915-2000, Department ot Veterans and Ryebuck Media Pty Lid, 2000, p. 2.
⑤ Peter, "Hoffenberg Landscape, Memory and the Australian War Experience, 1915-1918", *Journal of Contemporary History*, Vol 36, No1, p.125.

亚编年史撰写者通过将"加里波利"等词语编入有塑造"大洋雄狮"走向未来的澳大利亚海军国家独特历史的作用。[1]

澳大利亚通过在国内建立战争博物馆、举办年度庆典、组织和鼓励国民到土耳其的加里波利战役战场遗迹旅游等方式来纪念这场战役。此外，还有大批的学者进行关于加里波利战役的相关研究。加里波利战役被编入学生的教材，关于加里波利战役的公共课程、影片和文学作品频出。"安萨克"作为一种文化符号在澳大利亚和新西兰两国的军事建设中也很具有代表意义。在澳大利亚和新西兰的海军主力舰的命名上，安萨克占有重要位置，两国海军都有以安萨克命名的军舰，如安萨克级护卫舰（ANZAC class Frigates）。[2]

在澳大利亚的初等教育中，老师们教育孩子要学习在加里波利战役中牺牲的国家士兵们的奉献精神。对于其他参加加里波利战役的国家来说，这场战役仅仅是他们国家长期战争史的一部分。对于澳大利亚和新西兰两国来说，加里波利战役中两国军队作战的失败是两国军队第一次经历了战争的洗礼，使得他们获得了宝贵的战争经验，这对于他们在西线战场和巴勒斯坦战场的作战有很大的帮助。

加里波利战役很大程度上催生了澳大利亚对自身国家身份和民族身份的强烈认同，这种认同一直持续到现在。澳大利亚新一代把澳新军团的精神看成一种协作、理解和奉献的品质。在很多澳大利亚人看来，土耳其人赢得了战争，但是澳大利亚人赢得了战斗。在无助的情况下不放弃，仍然努力去照顾同伴，保持和提升自己的精神，这些促使澳新军团日的庆典在今天成为一项常规的节日。澳新军团精神，在今天随着社会的发展与全球化的到来，已经超越了战争的意义而被赋予更多广泛而积极的含义，如坚强的品格，民族自豪感，机会均等和追求自由，等等。这些已成为澳大利亚的国民性和价值观的有力的表达。作为一种民族精神，它所代表的勇气、奉献和伙伴情谊，存在

---

[1] Peter.Hoffenberg, "Landscape, Memory and the Australian War Experience, 1915-1918", p.126.

[2] 安萨克级护卫舰，澳大利亚和新西兰政府合作引进德国博隆·福斯（Blohm Voss）公司的相关技术建造的护卫舰。以第一次世界大战的澳大利亚和新西兰军团（Australia and New Zealand Army Corps, 缩写：ANZAC）命名，以纪念澳新军团在第一次世界大战的勇敢作战。

于学校，存在于运动场，存在于人们的生活中，存在于澳大利亚人的心里。它是一种强大的驱动力，能唤起每个澳大利亚人内心深处的爱国主义情结。1992年，在纪念澳新军团登陆加里波利半岛77周年的活动上，澳大利亚总理保罗·基廷（Paul Keating）发表讲话。他认为澳新军团精神已经成为澳大利亚人的生活准则，这种精神树立了澳大利亚人渴望已久的价值观与行为典范，也塑造了澳大利亚民族的历史。[1]

澳大利亚人到加里波利半岛旅行的活动从20世纪80年代起明显增多，之前人数不多。澳大利亚人到土耳其旅游的理由，包括到加里波利半岛体验、土耳其历史文化丰富、自然风光优美、消费低。其中到加里波利半岛体验所起的作用最大。一股"安萨克热"开始在澳大利亚兴起，澳大利亚国内越来越多的民众选择到加里波利半岛旅行，进行自我体验和凭吊。有学者分析认为这些是经济全球化和大众传媒迅速发展的结果，经济全球化和大众传媒的发展对本土文化产生了巨大的冲击，带给人们很大的思想文化冲击，并在一定程度上造成信仰的缺失和混乱。人们自然而然地去寻找自我的心灵和精神归属。[2] 在当代的澳大利亚，家族宗谱的建立日趋流行。加里波利这一地方作为很多澳大利亚人的祖先战斗过的地方，成为很多国民寻找精神归属和实现自我提升的理想之地。从20世纪80年代到现在，澳新军团传统和精神开始回归，再一次成为澳大利亚的主流话语。澳大利亚越来越多的年轻人在澳新军团日那一天聚集在土耳其的澳新军团湾参加纪念仪式。媒体把这些年轻人称为朝圣者。尽管在一战中牺牲的6万名澳大利亚士兵中只有8000人阵亡在这里，但在澳大利亚民族的意识里加里波利比西线战场占有更重要的地位。澳大利亚历史学家布鲁斯·斯盖特斯（Bruce Scates）在他的《重返加里波利》一书中，分析了年轻人为纪念澳新军团日去加里波利的原因。他认为对许多澳大利亚的年轻人来讲，

---

[1] Hank Nelson, "Gallipoli, Kokoda and the Making of National Identity", *Journal of Australian Studies*, Vol. 21, No. 53, 1997, p. 170.

[2] 林慧：《对澳大利亚传统节日ANZAC的当代解读》，《艺术评论》，2012年第12期，第148—149页。

这是一种对身份的庆祝，是对"成为澳大利亚人"这一经历的探寻。这种朝圣不仅使澳大利亚的年轻人获得了历史现实，而且使澳新军团精神在他们的心灵中成为一种强大的精神力量。

到土耳其旅游澳大利亚游客人数变化表[①]

年份	1976	1980	1985	1990	1995	2000	2005	2009	2010
人数	1004	545	3242	5359	50801	10021	15479	16508	17222

澳大利亚政府对此也积极做出回应，在国内重视对安萨克日的庆祝工作，让更多的民众参与进来，而且鼓励和赞助国民到加里波利半岛旅游。澳大利亚学者彼得·史莱德（Peter Slade）认为，80年代后期以来澳大利亚到加里波利半岛旅游的游客迅速上升，他们到此旅行的主要目的是去探索"他们是谁，他们从哪里来以及他们的国家在现代社会的内涵"等问题，安萨克传奇和加里波利在澳大利亚民众的心中占有重要位置。加里波利发生的事为澳大利亚现代国家的精神建构提供了很多丰富的素材和故事，成为澳大利亚国民国家精神的诞生地。[②]每年数以千计的澳大利亚人到加里波利半岛旅游的理由是加里波利半岛给他们创造了使他们尊敬的国家成为真正有内涵和独立行为能力的行为体。[③]加里波利已经成为很多澳大利亚人的精神圣地。2015年4月25日，澳大利亚全国举行澳新军团日100周年纪念仪式，缅怀阵亡将士，参加加里波利战役的华裔士兵也得到澳大利亚国民的缅怀。每年大批澳大利亚人长途跋涉来到欧洲，来到他们先辈们战斗过的地方。

[①] Selda Uca Ozer, Gorkem Kayaalp Ersoy, "Dark Tourism in Gallipoli: Forecast Analysis to Determine Potential of Australian Visitors," *Social and Behavioral Sciences*, Vol. 41, 2012, pp. 390-391，此文中2010年的数据是作者估算的数据。

[②] Peter Slade, "Gallipoli Thanatourism the Meaning of Anzac," *Annals of Tourism*, Vol. 30, No. 40, 2003, p. 793.

[③] Selda Uca Ozer, Gorkem Kayaalp Ersoy, "Dark Tourism in Gallipoli: Forecast Analysis to Determine Potential of Australian Visitors," *Social and Behavioral Sciences*, Vol. 41, 2012, p. 388.

第二节 加里波利战役在当代土耳其共和国的地位

加里波利战役是奥斯曼帝国在历史上取得的重大胜利之一。关于加里波利战役的记忆仍然长期存在于土耳其人民的心中。当代的土耳其儿童在入学前经常从他们的父母那里学习穆斯塔法·凯末尔上校带领士兵守卫加里波利半岛的传奇故事。

在奥斯曼帝国的废墟上浴火重生的土耳其共和国没有忘记加里波利战役给国家带来的荣耀。加里波利战役奥斯曼军队的胜利挽救了一个旧的帝国的灭亡，使帝国的军队得到了锻炼，军队代表了奥斯曼帝国变革和进步的力量。他们经历了这些历练，这些对于奥斯曼帝国的新生有很大的促进作用。"加里波利战役在土耳其人民心中是一个有决定性意义的时刻，激励了土耳其人保家卫国的热情。它使凯末尔成为民族英雄和合格的领导人，为凯末尔领导土耳其民族解放战争奠定了良好的基础。"[1] 在土耳其西部地区很多城市的地毯生产厂家大量生产印有凯末尔在加里波利战役中的名言"假如你没有子弹，你还有刺刀"的地毯，这显示了加里波利战役在塑造凯末尔成为土耳其救世主和现代土耳其中所起的作用。[2]

战后，加里波利战役在塑造土耳其共和国的民族主义认同和发展经济、推动对外交往方面也起着很大的作用。

第一，塑造土耳其国家的民族认同

凯末尔时期，国家经济重建是国家最重要的任务。加里波利半岛在此期间地位低下，考虑到有大批的加里波利战役参战国公民和政府

---

[1] Anil Nanda, "Gallipoli: Intercontinental Leadership Through the Prism of Ataturk, Churchill, and Gandhi", *World Neurosurgery*, Vol. 79, No. 1, January 2013, p. 35.

[2] Kevin Fewster, Vecihi Basarin, Hatice Basarin, *Gallipoli: The Turkish Story*, New South Wales: Allen & Unwin, 2003, p. 154.

要员到此凭吊死亡士兵，[①] 土耳其政府对他们充满一种疑虑，担心自身的主权和领土受到侵犯，于是对半岛进行军事管制，以显示土耳其国家对此的主权。

时任土耳其总理的埃尔多安在2008年强调恰纳卡莱战役（加里波利战役）的重要意义时说："土耳其民族在任何情况下都会为保卫他们的家园去战斗。恰纳卡莱战役的胜利为此提供了最重要的证据和最荣耀的标志。我们国家的牺牲者来自全国各地，他们不惜一切代价与敌人作斗争，保卫本国领土。这些是我们要继承的精神财富，使我们意识到民族的存在，我们再次怀着感激、敬仰和自豪之情纪念那些为了国家并肩战斗而牺牲生命的英雄们。我们将把恰纳卡莱战役的传奇作为自己心中神圣的信念，使它世代相传。"

2015年3月18日，土耳其共和国政府在加里波利半岛举行加里波利战役胜利100周年的庆祝活动。土耳其总理达乌特奥卢参加了在加里波利战役烈士纪念公园举办的纪念仪式。他在发表演讲时说："牺牲的奥斯曼士兵，不仅为建设现代土耳其奠定了基础，也改变了第一次世界大战甚至是整个世界的发展进程。"[②]

2015年4月24日，土耳其政府在恰纳卡莱市举行加里波利战役爆发100周年的国际纪念活动。土耳其总统埃尔多安、澳大利亚总理阿博特、新西兰总理约翰·基和英国王储查尔斯王子出席了相关的纪念活动。埃尔多安发表演讲表示："为了加里波利战役的胜利，我们付出了巨大的代价。我们无疑要把现在国家的独立归功于我们在加里波利战役中表现出来的精神和毅力。"[③]

加里波利战役尽管在塑造土耳其共和国民族认同方面的作用在土耳其国内引起很大的争议，但是总是有不少学者和政府官员强调其重要作用。他们认为加里波利战役是国家之父凯末尔不仅成为一名军事

---

① 1923年土耳其与各国签订的《洛桑条约》规定，参加加里波利战役的各国有权到半岛凭吊，土耳其政府有义务保护战场遗迹。
② 中国中央电视台新闻频道（CCTV-13）2015年3月19日报道。
③ SyndiGate Media Inc, "Turkey Hosts Gallipoli Ceremonies 100 Years on", The New Vision, Apr 24, 2015.

指挥官，同时成为对抗英国和法国的民族英雄。① 从1953年开始，土耳其政府在进行纪念活动时，开始让学生参加，把凭吊当成教育下一代的方式，增强他们对国家和民族的认同和荣誉感。土耳其政府在大众旅游时代，大批修建关于加里波利战役的纪念遗址和场所在推动本国旅游业发展的同时，也增强了加里波利战役在国民心中的影响力。

第二，发展旅游经济

出于发展本国经济的需要，土耳其政府充分利用加里波利战役产生的遗迹的国际性，把加里波利半岛打造成为土耳其与其他国家共享的空间，以吸引外国人到此旅游和凭吊，来推动加里波利半岛和国家旅游业的发展。20世纪50年代土耳其的执政党民主党把发展旅游业作为土耳其重要的国家政策，以图通过吸引外国游客到土耳其消费，推动本国经济的发展。加里波利半岛因为丰富的战争遗迹吸引大批西方国家游客前来参观和凭吊。到当地旅游的游客稳步增加。土耳其政府通过改善半岛的交通状况、降低汇率、打折等方式吸引大批外国游客的到来。60年代开始，土耳其政府放松对半岛的军事管制，以方便游客前来。70年代，土耳其政府继续推动旅游业的发展，吸引大批的澳大利亚、新西兰和英国游客前来旅游。并通过大批扩展加里波利战役纪念场地吸引本国民众过来旅游。由于这一时期土耳其国内政局不稳、加上库尔德民主党威胁袭击外来游客造成到土耳其旅游的人数很少。土耳其政府在一方面稳定国内局势的同时，通过将澳新军团登陆的海湾正式命名为安萨克湾吸引澳大利亚和新西兰两国游客前来旅游。土政府还在半岛建立了旅游服务中心，吸引外来游客。在世界旅游进入大众旅游时代之后，加里波利战役的遗迹成为吸引外国游客前来消费的重要坐标。今天，澳大利亚、新西兰以及其他国家民众到加里波利半岛的旅游继续刺激和推动着当地经济的发展。为此，土耳其政府资助国内学者对到土耳其旅游的澳大利亚游客数进行动态分析和估计，

---

① Pheroze Unwalla, "Between Nationalism and Reconciliaton: The Turkish Government and the Dual Narrativazation of the Battle of Gallipoli, 1923-2007", University of Victoria, Master Thesis, 2008, p. 2.

便于政府采取措施提升服务。

第三，推动对外交往

1934年，在凯末尔总统的倡议下，土耳其共和国政府在加里波利半岛修建了加里波利战役战争纪念碑，邀请很多国家政要参加，加里波利半岛建有土耳其国家公园。目前，加里波利半岛上的战役公墓共有34处，每年都有来自各个当时参战国人士前来加里波利半岛进行相关的纪念活动。在纪念碑碑文中，凯末尔写道："那些在战争中流过血的或者牺牲的英雄们，你们现在永眠于一个友好国家的土地，并将在和平中安息。对于我们来说，不论是基督徒还是穆斯林，你们都安葬于我们的国度。那些把孩子们从遥远的国度送到这里的母亲们，请拭去悲伤的泪水：你们的孩子现在活在我们的和平的怀抱中。他们在这块土地上失去了生命，他们已经成为我们的孩子。"凯末尔通过此举向各国展示土耳其共和国实现现代化的强烈愿望。

第二次世界大战期间，土耳其政府想参战，但是遭到国内民众的反对。土耳其政府通过修建大量的恰纳卡莱战役纪念碑和举办纪念活动纪念土耳其军队的伟大胜利以平息民众的不满，使他们支持参战。第二次世界大战结束后，土耳其处在美苏冷战的前沿地带，土耳其政府选择加入美国阵营。对于土耳其来说，启动国内的民主化进程和发展与推进西方国家之间的关系是重要的事情。土政府加快了对加里波利战役遗迹的维护，并在国内举办纪念活动以促进与西方国家的联系。1951年，土耳其政府首次在加里波利半岛举行国家凭吊死难者的活动，并邀请英国、法国和美国等国政要参加。通过此举土耳其提升了自身在西方国家中的影响力。

加里波利战役的遗产成为推动土耳其对西方国家外交的重要平台。对加里波利战役遗产的共同认同在推动土耳其与澳大利亚关系的进程中起到很重要的作用。2009年4月，土耳其和澳大利亚16岁以下少年足球队在土耳其举行纪念加里波利战役的友谊赛。

2007年，澳大利亚老兵事务部部长布鲁斯·比尔森在首都堪培拉的阿塔图尔克纪念活动中说："毫无疑问，1915年4月25日是我国历史上的一个重要时刻，同时也是土耳其人民的一个重要时刻。通过战争的方式，曾经敌对的双方获得了彼此的尊重，两国人民之间的友谊得到建立。举办这个仪式是为了纪念因为加里波利战役产生的两国人民之间的友谊。"2015年3月18日，土耳其政府举行纪念加里波利战役胜利100周年活动。土耳其总理达乌特奥卢表示："我们呼吁所有国家都能够抛弃仇恨和报复，我们的士兵沉睡在这里，当他们在英勇战斗的时候，在慷慨赴死的时候，他们也未曾对他们的敌人抱有深仇大恨。"[1] 来自各国的人士参加纪念活动，表达他们对先辈们的敬意。土耳其的一个退伍老兵纳吉达特·艾尔丁在接受中国中央电视台记者的采访时表示，当时奥斯曼的士兵和国父凯末尔在这里与来自各国的士兵战斗，半岛的每一寸土地都埋藏有土耳其士兵的遗骨，没有什么语言能够表达那场战役的血腥和残酷。英国海军中尉安德鲁·沃尔德在接受采访时说："我们的先辈们曾经在这里战斗，而现在我们来到这里，纪念他们的牺牲，百年以后我们能够一起站在这里享受和平，而不是继续战争，这对每个人来说都是一件好事情。"[2]

4月23日，在土耳其最大城市伊斯坦布尔举行了多国领导人参加的纪念加里波利战役100周年和平峰会，参会领导人包括土耳其总统埃尔多安、伊拉克总统马苏姆、澳大利亚总理阿博特、新西兰总理约翰·基等参加，与会的领导人呼吁各国要加强合作以打击日益猖獗的极端组织。[3]

2015年4月24日，在土耳其恰纳卡莱市举行的庆祝加里波利战役爆发100周年的国际庆祝活动上，来自土耳其、英国、澳大利亚和新西兰等国的上万名加里波利战役参战士兵后代以及相关人士国民参加了纪念活动。埃尔多安总统和查尔斯王储分别发表讲话，并向战役阵亡将士纪念碑敬献花圈，[4] 当地还举行悼念阵亡将士的陆海军阅兵式和空中飞行表演，来自土耳其、法国、英国、新西兰和澳大利亚的多艘驱逐舰和

---

[1] 中国中央电视台新闻频道（CCTV-13）2015年3月19日报道。
[2] 同上。
[3] 中国中央电视台新闻频道（CCTV-13）2015年4月24日报道。
[4] 中国中央电视台军事农业频道（CCTV-7）2015年4月25日报道。

护卫舰组成编队通过达达尼尔海峡。与会各国领导人呼吁人民珍视和平与稳定,更加地注重相互包容。埃尔多安表示:"在100多年前,成千上万的战士战死疆场,而今天他们发出的是和平的信息。他们捐弃前嫌,发展友好关系,对主张接受和平的国家表示感谢。当今世界并不安宁,更加需要和平和稳定,全世界人民都应该相互包容。"[①]

[①] 东方卫视4月26日报道。

结　语

　　加里波利战役是第一次世界大战期间发生在中东地区的一次著名战役，在中东战争史和世界战争史上都有重要的地位。

　　第一，加里波利战役是一场典型的国际战争，参战国包括大英帝国（含英国、英属印度、澳大利亚和新西兰）、法兰西第三共和国（含法属非洲殖民军）、奥斯曼帝国和德国，该战役同时牵动着俄罗斯帝国、意大利、希腊、保加利亚、罗马尼亚和塞尔维亚等国政府的神经，它们在加里波利战役的进程中扮演着重要的角色。战役成为研究欧洲国际关系演变的重要案例。其中表现最为突出的案例是东方问题的演变。东方问题是近代国际关系发展史上的一个重要问题，加里波利战役在东方问题演进过程是不可缺少的一环。在加里波利战役爆发前后，东方问题表现出截然不同的特点。在此以前，东方问题的最重要特点是英法两国遏制俄国在奥斯曼帝国的扩张，之后表现在英法俄三国密谋瓜分奥斯曼帝国并付诸行动。

　　第二，加里波利战役持续时间长、参战兵力多、双方伤亡大。加里波利战役的发生时间是从1915年2月到1916年1月，而英国对土耳其海峡地区采取军事行动的想法则开始于1914年8月。双方参战兵力达到100万左右，这在中东地区战争史是一场规模巨大的战争，在中东战争史上也仅有20世纪80年代的两伊战争和90年代的海湾战争规模可以与之相媲美。从伤亡数字上看，双方伤亡50万人左右，在世界战争史上也属于伤亡较大的战役。

　　第三，加里波利战役是一场有代表性的现代化战争。加里波利战役是世界现代战争史上第一次大规模的海陆联合登陆作战,各种新式武器,如水上飞机母舰(航空母舰的前身)、潜艇、飞机在作战中得到了运用,毒气等化学武器使用未遂。这一切使得加里波利战役具有现代化立体化作战的雏形,加里波利战役成为后来研究登陆作战的经典案例。战役中英法两国登陆作战的经验和教训引起了后来的各海军强国英国、美国和日本等国的关注,它们对加里波利战役的作战案例进行了深刻研究,推动了登陆作战战术的发展和提升。

第四,加里波利战役产生了重要的历史影响。国外学术界有很多学者认为加里波利战役是改变世界历史进程的一场战役。加里波利战役中英法两国的失败使得其打破西线战场僵局的战略行动破产,也加速了俄国国内日益严重的经济政治危机,对俄国革命的爆发起到了催化作用。加里波利战役是奥斯曼帝国后期取得的最辉煌的一次军事胜利,在加里波利战役中,奥斯曼帝国取得了保卫海峡战斗的胜利,整个帝国避免了被瓜分的危险和覆灭的命运,也从根本上改变了土耳其的命运。后来的土耳其共和国国父穆斯塔法·凯末尔在加里波利战役中表现出了卓越的军事领导才能,为他赢得"帝国的保卫者"的称号,提高了凯末尔在奥斯曼帝国的声誉和地位,为他后来的政治生涯打下了坚实的基础。加里波利战役推动了对中东政治格局产生影响的阿拉伯民族大起义的爆发。

战后,加里波利战役的遗产对今天的土耳其共和国也有重要影响。土耳其共和国政府从塑造民族认同、加强对外交流和发展本国经济三方面对加里波利战役及其遗产进行利用。加里波利战役对于澳大利亚和新西兰两国的影响一直保持到今天。1915年4月25日,澳新军团在奥斯曼帝国加里波利半岛登陆作战,这一天被澳大利亚和新西兰称为"澳新军团日",一直被澳大利亚作为公众假日。澳新军团日在澳大利亚的历史和文化中占有重要地位,标志着澳大利亚民族意识和民族认同的诞生。尽管这种认识在今天的澳大利亚国内还存在不少争议,但这些争议也从另一个侧面反映了澳新军团精神的深远影响。此外,从20世纪80年代中后期开始,在澳大利亚兴起了一股到加里波利战役遗址进行朝觐旅游的热潮。

对于这场产生重要历史影响的战役，如何从更深层次审视它呢？彭树智先生的文明交往论给出了答案。

文明交往是人类跨入文明门槛之后，直到现在、而且还在持续发展的基本实践活动。人类的交往是伴随着生产力同步发展的历史过程。交往是人类不同于动物的社会本性。交往在逐步克服野蛮状态的历史过程中，使人类不断走上更高文明层次的社会。[1]

文明交往因社会历史状况错综复杂而在形式上表现为多种多样。大致而言，和平与暴力是两种基本的交往形式。政治交往、商贸交往、军事交往、文化交往、民族迁徙，都是人类文明交往的不同表现形态。[2] 文明交往的和平形式是经常的、大量的和主要的交往形式。和平形式的文明交往在古今历史上，一般占主导地位。但是在以和平形式的交往进行的同时，经常伴随有战争为代表的暴力交往形式。战争是暴力交往的最高形式。在人类历史的发展进程中，暴力交往层出不穷。战争具有双刃剑的性质，战争过程的破坏性、野蛮性与战争后果客观上的进步性与文明性并存。暴力交往是一种急风暴雨式的残酷交往形式，它具有和平交往所不具备的冲击力量，其结果是交往范围的迅速扩大和交往程度的空前扩展。

加里波利战役从根本上来说是由于西方文明的强势和暴力扩张而引发的。西方工业文明的扩展是建立在政治、文化甚至宗教之上的强权对弱小民族的交往关系，其本质是不平等的暴力交往。西方工业化国家在对外扩张的过程中，先发工业化国家之间、先发工业化国家与后发工业化国家之间以及后发工业化国家之间为了争夺利益不可避免地会发生矛盾和冲突，西方工业化国家主导的世界殖民体系确立以后，西方国家之间的矛盾和冲突由地区扩展到全球，最终酿成第一次世界大战，将世界上绝大多数的国家和地区都卷入进来。加里波利战役是第一次世界大战的组成部分，使世界上的主要大国都不同程度地参与进来。

---

[1] 彭树智：《文明交往论》，西安：陕西人民出版社，2002年版，第5页。
[2] 同上，第523页。

利益是文明交往的驱动因素。文明交往中的所有问题都可以从利益因素中找到答案，透过利益我们可以觉察到文明冲突与融合的症结所在。① 大国之间政治、经济和安全利益的争夺是理解加里波利战役的关键所在，加里波利战役的背后是西方国家为了争夺其在衰落的奥斯曼帝国的利益百年争斗的交织。

加里波利战役中作战双方先后共投入100万兵力参战，结果造成双方50万人左右的伤亡，双方为此次战役付出了巨大的人力、物力和财力的消耗，加里波利战役显示出战争这种暴力交往形式的野蛮性和巨大破坏性。值得一提的是，在加里波利战役中，英国杰出的物理学家和化学家亨利·莫塞莱的丧生。1887年，莫塞莱生于英国多塞特郡。一战爆发前，他已经在理论物理学界和化学界取得巨大的成就，达到了诺贝尔奖级别。一战爆发后，他参加英国皇家工兵部队。1914年4月开始在加里波利战役中担任技术军官，在8月10日被奥斯曼帝国士兵击毙。美国著名科学作家阿西莫夫认为："从莫塞莱已经取得的成就来看，他的死亡可能是这场战争中对全体人类而言代价最为惨重的牺牲。"如果他不是在当年阵亡的话，极有可能被授予1916年度的诺贝尔物理学奖。②

战争这种交往方式直接或间接地引发人类社会的变化，促进科学技术的飞速进步。战争这种形式的历史交往对于促进技术的进步起着关键的作用。战争这种特殊的历史交往形式可以对科学技术的发展起到催化、联系和承前启后的作用。③

加里波利战役在推动军事技术和医疗技术的进步方面发挥了巨大的作用。水上飞机母舰、潜艇和飞机的使用使这些新式武器的效能在实战中得到了检验，在战役进行期间以及战后，英国对水上飞机母舰、潜艇和飞机的性能进行了改进。加里波利战役期间造成的巨大人员伤亡，促使英国、澳大利亚和奥斯曼帝国政府加强对医疗工作的投入力度，英澳两国的医疗技术得到了一定程度的提升，而奥斯曼帝国在德

---

① 彭树智:《文明交往论》，西安：陕西人民出版社，2002年版，第27页。
② 杨涤非:《与"一战"相遇的科学家》，《百科知识》，2014年第13期，第37页。
③ 彭树智:《文明交往论》，西安：陕西人民出版社，2002年版，第554页。

国的帮助下提升了本国的医疗技术。

加里波利战役以一种暴力交往的方式开始,又以一种暴力的方式结束。时至今日,加里波利战役的遗产对土耳其共和国来说是一笔宝贵的精神财富,土耳其共和国政府充分利用加里波利战役的遗产去进行民族主义认同的塑造、发展对外交往和旅游业经济。加里波利战役留给当代澳大利亚人民的是一种完全超越其本身战争含义的民族精神和价值观。

人类文明交往史主要是和平和暴力两种形式的交织史,尤其是和平交往日益深入人心的历史。文明交往的任务是消灭暴力交往的根源,把和平和发展结合起来,把历史交往引向法制秩序和道德规范的轨道上来。[1]

在研究加里波利战役的过程中,笔者进行了一些进一步的思考。

第一,一战期间的中东战争对于影响中东战后历史进程的军人阶层的塑造。

一战期间的中东战争在埋葬奥斯曼帝国的同时,也孕育出影响战后中东政治局势变迁的新生力量。奥斯曼帝国后期的军事教育和军事改革造就了对中东地区政治局势变迁影响深远的军人阶层。在一战期间,他们选择为奥斯曼帝国的荣誉而战,在奥斯曼帝国解体以后,他们又转向民族主义,为在中东建立民族国家而奋斗。一战对于推动阿拉伯民族主义运动发展和高涨也起到了重要的作用。战后中东地区的政治格局的演变很大程度上受到军人阶层的推动。

这一点在以凯末尔为代表的土耳其民族主义者身上表现的尤为突出,凯末尔在青年时期接受奥斯曼帝国的军事教育,同时自身卷入到土耳其立宪革命的大潮中,成为瓦解奥斯曼帝国旧秩序的推动力量。第一次世界爆发以后,凯末尔反对奥斯曼帝国参战。但是在反对不成功的情况下,凯末尔担负起军人的使命选择为了维护奥斯曼帝国的荣誉和利益而战。在参与土耳其军队的作战过程中,特别是加里波利战役使凯末尔锻练并提升了自己,为自身今后的发迹积累了丰厚的资本。

---

[1] 彭树智:《文明交往论》,西安:陕西人民出版社,2002年版,第15—19页。

奥斯曼帝国现代化的军事和教育改革塑造了凯末尔为代表的军人阶层的新生力量，他们是典型的土耳其民族主义者，这些力量代表了帝国今后的希望，将在今后的政治舞台上登场，一战期间发生在中东地区的战争在很大程度上促进了他们的登场。在奥斯曼帝国解体后，凯末尔选择为建设新的土耳其民族国家而奋斗，在建国后，他们至今仍然是决定土耳其政治走向的力量。

这一点不仅表现在对作为土耳其民族主义者集团的军人阶层的塑造上，更表现在对作为阿拉伯民族主义者集团的阿拉伯军人阶层的塑造上。他们在战争期间选择为奥斯曼帝国而战，战后又选择与英法两国作斗争，为建立阿拉伯民族国家而奋斗。不可否认的是目前在阿拉伯世界的政治舞台上仍然闪烁着他们的身影。

第二，关于奥斯曼帝国和德国关系的理解。

国内学术界不少学者认为，在德国统一后，该国在奥斯曼帝国的影响力逐步上升。19世纪末和20世纪初时，德国逐步掌控了奥斯曼帝国的军事和经济，并在奥斯曼帝国的政治中的影响力居于首要地位。

加里波利战役前，尽管德国和奥斯曼帝国的贸易、军事和文化交往力度迅速上升，但是德奥两国的贸易始终没有超过奥斯曼帝国与英国和法国的贸易额。因此谈不上德国控制奥斯曼帝国的经济，只能说德奥两国的经济联系有超越奥斯曼帝国与英法两国的趋势。

在德国统一后，尽管德国与奥斯曼帝国的政治军事联系迅速升温。奥斯曼帝国重点转向学习德国进行军事改革，但是德国只是在土耳其军队的陆军中的影响力居于第一位，但是谈不上控制土耳其军队。从一方面讲，奥斯曼帝国的军人阶层都是强烈的民族主义者，他们不会允许德国控制本国的军事和政治，他们和德国仅仅是一种利益关系，他们与德国在很多方面存在不一致的地方；从另一方面讲，一战爆发前，奥斯曼帝国与德国合作改革本国的陆军，为了平衡各国的需要，奥斯曼帝国又和英国合作改革本国的海军。此外，从德国派驻奥斯曼帝国的军事顾问团团长桑德斯身上也可以反映这一点。德国只允许桑德斯帮助土耳其军队进行训练和改革，禁止桑德斯去干预奥斯曼帝国的内政和外交。在战争爆发后桑德斯在奥斯曼帝国的职务由恩维尔政府负责分配，桑德斯对此没有决定权。他对恩维尔的不满主要表现在他认为恩维尔在战略和战术上的低能，他在力所能及的情况下发挥自身的才能，帮助土耳其军队进行战斗，在加里波利战役的战斗中居功甚伟。他并没有干预奥斯曼帝国的内政，而是服从奥斯曼帝国政府的领导。

因此，学术界关于德国控制奥斯曼帝国的说法值得商榷。奥斯曼帝国和德国不是一种控制和被控制的关系，而是相互利用的政治军事同盟关系，但是双方之间的交往和互动不自觉地对双方今后的相互交往产生重要的影响。

第三，全球化视野下的传统文化回归遐思。

影响澳大利亚和新西兰两国至今的安萨克精神和安萨克日产生于加里波利战役。在战后，它们尽管在澳新两国有重要的地位，但是真正产生"安萨克热"的时期是20世纪80年代以后，并且在进入21世纪后呈现出更大的热潮。从20世纪80年代开始，全球化的浪潮席卷全球，世界各个国家和地区之间的互动开始达到前所未有的程度，在这种趋势下，澳新两国居民开始大批量走出国门，到与本国有深刻联系的加里波利半岛体验和凭吊。

在今天的澳大利亚和新西兰两国，安萨克精神已经超越了原来的含义，被赋予新的内涵，但是有一点不变的，安萨克精神已经成为两国传统不可缺少的一部分。在全球化日趋加速的今天，外来文化对本国文化的冲击使得澳新两国人民开始重视审视本国的传统。两国的安萨克热在很大程度上代表了两国人民向本国传统文化的回归。在今天，中国也面临同样的问题，这一点无疑值得我们深思。

第四，第一次世界大战时期的中东战场研究。

第一次世界大战时期是中东地区政治格局演变的转折点。经过这一时期的中东战争，统一的奥斯曼帝国瓦解，中东地区统一格局不复存在，开始出现多个民族国家，没有建国的地区开始为建立民族国家而奋斗。现在中东民族国家格局由此奠定。

2014年，极端组织"伊斯兰国"开始在中东地区大肆扩张。该组织的目标是消除二战结束后现代中东的国家边界。但实际上，现代中东民族国家体系是由第一次大战期间及战后大国政治安排推动形成的。一战对现代中东国家边界的确定具有奠基意义。"伊斯兰国"再次引发学术界对"第一次世界大战与现代中东发展"问题的关注。

第一次世界大战对现代中东历史发展产生了深远的影响。一战导致中东地区地缘政治版图的破碎化，地区发展受外部因素的制约加大。现代中东国家之间广泛存在的领土争端的根源大多与一战期间及战后大国的政治干预有关。引发全世界关注的阿以冲突、库尔德人问题和中东地区极端主义等的问题的缘起都开始于第一次世界大战。第一次世界大战已经过去100年，但其对中东地区发展的影响一直持续到今天。不可否认的是，今天中东地区政治动荡和一战期间及战后大国的殖民扩张和霸权主义政策有很深的关联。

因此，加强对第一次世界大战中东战场的研究显得十分必要。

附　录

一、加里波利战役年表

1914年

6月，奥匈帝国皇储费迪南大公及其夫人被塞尔维亚青年普林西普刺杀。

7月，奥匈帝国对塞尔维亚宣战。

8月，英国海军大臣丘吉尔宣布战时征用在英国给奥斯曼帝国建造的两艘军舰："素丹奥斯曼（Sultan Osman）"号和"瑞萨迪赫（Reşadiye）"号。

8月2日，奥斯曼帝国和德国结盟，但拒绝投入作战。

8月11日，德国两艘军舰"戈本（Goeben）"号和"布斯特劳（Breslau）"号在英国皇家海军的追击下逃入土耳其海峡并停靠在伊斯坦布尔港口。

9月，英国皇家海军拦截奥斯曼帝国海军鱼雷艇进入地中海，奥斯曼帝国关闭了达达尼尔海峡。

9月26日，英国宣布对土耳其海峡外的奥斯曼帝国海军军舰充满敌意。

10月28到29日，奥斯曼帝国海军在德国指挥官带领下攻击俄国黑海舰队基地塞瓦斯托波尔和敖德萨。

10月31日，英国、法国和俄国对奥斯曼帝国宣战，奥斯曼帝国加入同盟国集团作战。

11月1日，俄军攻入奥斯曼帝国东部地区。

11月3日，英国皇家海军战列舰"不屈（HMS Indomitable）"号和"不可抵抗（Indefatigable）"号炮轰达达尼尔海峡入口处的奥斯曼帝国军队要塞。

11月14日，奥斯曼帝国素丹宣布对英国、法国和俄国开展圣战。

11月22日。奥斯曼帝国军队攻击英国占领的埃及。

12月，奥斯曼帝国军队攻击高加索的俄军，以惨败告终；英军占领达达尼尔海峡外的爱琴海岛屿。

12月13日，英国潜艇B11号在恰纳卡莱南部的海峡处击沉奥斯曼帝国海军军舰"迈苏迪耶（Mesudiye）"号。

1915年

1月2日，俄军总司令尼古拉大公请求英国援助俄国，攻击奥斯曼帝国。

1月3日，温斯顿·丘吉尔建议英国地中海舰队司令萨克维尔·卡登中将对达达尼尔海峡进行攻击。

1月5日，卡登给予丘吉尔谨慎的回复。

1月13日，英国战争委员会批准了海军攻击达达尼尔海峡的计划。

1月26日，奥斯曼帝国军队军事顾问德国将军奥托·里曼·冯·桑德斯开始考虑协约国联军在加里波利半岛可能的登陆地点。

2月2日，穆斯塔法·凯末尔（后来的土耳其共和国国父）被奥斯曼帝国政府任命为驻扎在东色雷斯地区的第19师指挥官。

2月2日到3日，奥斯曼帝国军队尝试越过苏伊士运河攻击占领埃及的英军的军事行动以失败告终。

2月18日，英法联合舰队第一次攻击达达尼尔海峡，没有取得成功。

2月25日，联合舰队第二次攻击达达尼尔海峡，没有成功；穆斯塔法·凯末尔在加里波利半岛的迈多斯建立第19师师部。

3月4日，联军的扫雷船在海峡被奥斯曼军队驱逐。

3月12日，英国将军伊恩·汉密尔顿被任命为地中海地区远征军总司令。

3月13日，联合舰队在海峡进行扫雷行动。

3月16日，卡登的职务被副司令德·罗贝克接替。

3月18日，卡登命令联合舰队对达达尼尔海峡进行了最后一次攻击，奥斯曼帝国海军利用布雷战术击沉英法海军3艘战列舰，重创其4艘战列舰，取得重大胜利。

3月22日，汉密尔顿决定在加里波利半岛上开展大规模登陆作战。

3月24日，桑德斯被奥斯曼帝国任命为加里波利半岛奥斯曼军队最高指挥官。

4月17日，英国潜艇E15号被奥斯曼军队击沉，舰长帕默死亡。

4月25日，联军在加里波利半岛的安萨克湾、海勒斯角和半岛对面亚洲海岸的库姆卡莱登陆，其中澳新军团在安萨克湾登陆，英军第29师和皇家海军陆战师在海勒斯角登陆，法军在库姆卡莱进行佯攻。

4月27日，凯末尔指挥奥斯曼军队发起反攻。

4月28日，第一次克里希亚战役，联军调海军陆战师的四个营到安萨克湾加强在安萨克湾的攻势。

5月1日，法国潜艇在土耳其海峡触雷沉没。

5月1日到4日，奥斯曼军队攻击海勒斯角。

5月6日到8日，第二次克里希亚战役。

5月12日，英海军战列舰"霍莱伊特（Goliath）"号被奥斯曼帝国海军鱼雷艇"穆阿凡涅（Muavenet）"号击沉，联军海上攻击停止。

5月19日到20日，奥斯曼军队对安萨克湾的澳新军团军发动大规模进攻，自身遭受巨大损失。

5月24日，双方达成临时停火协议，掩埋尸体。

5月25日，德国潜艇U-21击沉英国战列舰"胜利（Triumph）"号；英国潜艇E11在博斯普鲁斯海峡用鱼雷击沉奥斯曼帝国运输船"斯坦布尔（Stamboul）"号。

5月26日，英国首相阿斯奎斯宣布成立联合政府。

5月27日，德国潜艇U-21击沉英国战列舰"威严（Majestic）"号。

159

6月1日，凯末尔晋升为陆军上校。

6月4日至7月13日，第三次克里希亚战役。

8月4日到6日，联军在海勒斯角秘密加强兵力。

8月6日，澳新军团对萨里贝尔山发起强攻。

8月6日到7日，联军在海勒斯角发动牵制性进攻，两个联军师在苏弗拉湾登陆。

8月6日到9日，澳新军团攻击孤松山峰。

8月7日，Nek战斗打响，澳新军团在Nek攻击就位；桑德斯从布莱尔地区派两个师到南部，这两个师7日晚上到达苏弗拉湾。

8月8日，凯末尔被授权指挥北部地区的所有奥斯曼军队，他指挥第16军阻止了联军的攻势。

8月9日，联军的分队短暂占领了Q山的部分地区；英军在苏弗拉湾进攻，奥斯曼军队及时到达使得英军在苏弗拉湾登陆占领高地的进攻失败。

8月10日，查纳克拜尔山脊战役结束，凯末尔率领奥斯曼军队重新攻占朱努克山，把联军赶下高地。

8月12日，孤松战斗结束，英军在苏弗拉湾发动进攻；联军总部第一次出现撤退的想法。

8月12日到13日，奥斯曼军队在海勒斯角发动反击。

8月13日，克里希亚战役结束。

8月15日，英军在苏弗拉湾地区发起进攻。

8月21日，联军在苏弗拉湾发动大规模进攻；英军发动最后一次进攻加强在安萨克湾和苏弗拉地区的进攻。

8月29日，联军占领苏弗拉湾南部的部分地区。

9月6日，保加利亚加入同盟国集团，和德国与奥匈帝国联合进攻塞尔维亚。

10月15日，汉密尔顿被取消联军总司令的职务。

10月28日，英国查尔斯·门罗将军到达加里波利半岛指挥远征军；他建议3天后撤退。

10月30日，法国潜艇"绿松石（Turquoise）"号在博斯普鲁斯海峡返回时搁浅被奥斯曼军队捕获。

10月31日，英国驱逐舰"路易斯（Louis）"号在风暴中搁浅失事。

11月6日，英国潜艇E20号在马尔马拉海遭到德国潜艇U-14伏击被击沉。

11月13日，英国战争大臣、陆军元帅霍雷肖·基钦纳到加里波利半岛视察。

11月22日，基钦纳建议从安萨克湾和苏弗拉湾撤退。

11月27日到30日，加里波利半岛出现持续三天的狂风和暴雪天气。

11月29日，桑德斯预料到联军可能撤退。

12月7日，英国内阁批准先从安萨克湾和苏弗拉湾撤退，并批准12月中旬从海勒斯角撤退。

12月8日，门罗将军任命伯德伍德将军开始指挥从安萨克湾和苏弗拉湾的撤退。

12月18日，从安萨克湾和苏弗拉湾的撤退最终开始。

12月19日到20日，安萨克湾和苏弗拉湾的撤退。

1916年

1月8日到9日，海勒斯角的撤退完成，联军全部撤离加里波利半岛，加里波利战役结束。

1月14日，凯末尔率第16军驻守阿德里亚堡，后移师高加索前线。不久后晋升为将军和帕夏，被授予"帝国保卫者"称号。

二、重要相关条约和文件

（一）1915年3月英法俄三国秘密协定

俄国、法国和英国关于海峡和
君士坦丁堡的秘密协定
（1915年3月4日至4月10日）

俄国致法国和英国政府备忘录
（1915年3月4日）

经过最近发生的事件，尼古拉斯皇帝陛下认为，君士坦丁堡和海峡问题必须根据俄国由来已久的愿望明确地予以解决。

如果君士坦丁堡市、博斯普鲁斯海峡，马尔马拉海和达达尼尔海峡的西岸以及通向埃内兹—米德耶铁路线的南色雷斯，不并入俄罗斯帝国，则不论何种解决办法都是不足取和危险的。

同样，从战略考虑，位于博斯普鲁斯海峡、萨卡里亚河和在伊兹米特海湾规定的一点之间的亚洲海岸，以及马尔马拉海诸岛、因博罗斯诸岛和特内多斯诸岛应并入（俄罗斯）帝国。

法国和英国在上述地区的特殊利益将严格地受到尊重。

帝国政府希望，上述考虑能被两个协约国政府同情地接受。现向上述协约国政府保证，在实现它们制定的关于奥斯曼帝国其他地区或别的地方的计划时将得到俄罗斯帝国政府同样的谅解。

英国致俄国政府备忘录
（1915年3月12日）

在将战争进行下去并待到胜利结束，同时正如本文件所指的俄国函件中所表明的那样，对英国和法国在奥斯曼帝国和其他地方的要求得到满足的条件下，陛下政府将同意俄国政府关于君士坦丁堡和海峡的备忘录。备忘录文本已于2月19日至3月4日由沙索诺夫先生阁下交给了英国陛下政府大使。

英国致俄国政府备忘录（对以前的备忘录的评论）
（1915年3月12日）

陛下的大使奉命就本大使馆于1915年2月27日至3月12日致帝国政府的备忘录声明如下：

帝国政府在1915年2月19至3月4日备忘录中提出的要求，大大地超出了沙索诺夫先生几个星期之前所预示的要求。在陛下政府还来不及考虑和约最后条款中它自己对其他地区要求之前，俄国却要求得到保证，使它对整个战争中实际上最有价值的战利品的企求能得到满足。爱德华·格雷爵士希望沙索诺夫先生认识到，超出上述备忘录范围之外来更好地证明我们的友谊，这不是陛下政府力所能及的事。该文件完全扭转了陛下政府的传统政策，并和英国一度普遍持有的、至今仍未消失的意见和感情直接相抵触。因此，爱德华·格雷爵士相信，帝国政府将认识到最近向沙索诺夫先生所作的一般保证已得到充分和忠实地履行。在递交本备忘录之际，陛下政府希望和相信，一旦拟议中的解决办法得到实现，俄英两国之间的永恒友谊将得到保证。

从英国的备忘录可以看出，陛下政府的要求，尽管对英国在世界其他地区的利益是至关重要的，未含有任何可能损害俄国对1915年2月19日至3月4日备忘录中所述的领土的控制的条件。

鉴于君士坦丁堡将始终是东南欧和小亚细亚的贸易中心，陛下政府将要求俄国在占领君士坦丁堡后，规定其为自由港，使来自或运往非俄国领土的货物能自由过境。陛下政府还将要求准予商船通过海峡的航行自由，正如沙索诺夫先生曾经允诺的那样。除了目前陛下政府在达达尼尔正在进行的海战和陆战可能为协约国的共同事业作出贡献外，现在已经清楚，这些战役尽管会成功，但在最后缔结媾和条件时不会为陛下政府带来什么利益。而俄国只要战争取得胜利，就会从这些战役获得直接的成果。因此，依陛下政府意见，俄国对那些愿与协约国进行合作的国家不应设置困难。唯一可能参加海峡战役的国家是希腊。加登海军上将（即卡登）曾要求海军部给他派去更多的驱逐舰，但是并没有多余的船只可供派遣。如果能得到希腊的一支小舰队的支援，这时陛下政府将会有莫大的价值。

诱导巴尔干中立国家参加协约国，是陛下政府从事达达尼尔战役时所抱的主要目标之一。陛下政府希望，俄国将不遗余力地平息保加利亚和罗马尼亚对俄国占领海峡及君士坦丁堡对它们不利而产生的恐惧。陛下政府还希望俄国将竭尽全力为这两个国家的合作提出一个美好的前景。

格雷爵士指出，对法国和英国在现在的土耳其亚洲地区的未来利益的整个问题给予考虑，这显然是必要的。格雷爵士在制定陛下政府对奥斯曼帝国的要求时，必须同法国和俄国政府磋商。然而，一旦宣告俄国在战争结束后要占领君士坦丁堡，格雷爵士希望表明，陛下在整个谈判中已经约定，穆斯林圣地和阿拉伯地区在任何情况下仍应属于穆斯林人统治。

迄今为止，格雷爵士还不能就英国的要求提出具体建议，但其中有一点是要求修改1907年的英俄协定中关于波斯的部分以确认目前的中立范围为英国的范围。

在协约国向巴尔干国家，特别是保加利亚和罗马尼亚对它们的未来以及它们渴望占有的同他们边境相接壤的那些领土的一般地位作出满意的保证之前，同时在和约的最后条款中对法国和英国的要求进一步达成协议之前，格雷爵土认为，对目前俄国、法国和英国政府所达成的谅解保守秘密，是非常合乎需要的。

法国致俄国政府普通照会
（1915年4月10日）

（法兰西）共和国政府同意俄国3月6日由伊斯沃尔斯基先生交给德尔卡西先生的关于君士坦丁堡及海峡的备忘录，但条件是必须将战争进行下去，直至胜利，同法国和英国实现了它们在亚洲的计划，像①在其他地区一样，正如俄国的备忘录中所述的那样。②

（二）1915年《伦敦条约》

法国、俄国、英国和意大利协定（伦敦条约）
（1915年4月26日）

第一条

法国、英国、意大利和俄国总参谋部应立即缔结军事协定，确定俄国对奥匈帝国使用的兵力的最低数额，以便在俄国决定以主要力量对付德国时能阻止奥匈帝国集中兵力进攻意大利。

本军事协定应确定属于陆军总司令范围之内的停战问题。

第二条

意大利方面承允使用它的全部物力和财力同法国、英国和俄国一道共同对敌作战。

第三条

法国和英国的舰队应积极和持久地支援意大利，直到奥匈帝国的舰队被摧毁，或和约签订时为止。

为此，法国、英国和俄国应立即签订海军协定。

第四条

根据和平条约规定，意大利应得到特兰提诺、锡萨尔平—蒂罗尔及其地理和自然边境（布伦内罗边境）、的里雅斯特、戈里齐亚和格拉迪什卡县、全部伊斯特里亚直至夸内罗，包括沃罗斯卡和伊斯特里

---

① 原文中为"象"，在此改为"像"。
② 转引自世界知识出版社编：《国际条约集（1872—1916）》，北京：世界知识出版社，1986年版，第532—534页。

亚的彻苏岛和卢辛岛，以及普拉夫尼克、乌尼耶、卡尼多勘、帕拉佐利、圣皮埃特罗——迪宇比、阿西尼罗、格鲁依卡等岛屿及其邻近小岛。……（关于边界的详细规定）

第五条

意大利还将得到达尔马提亚省，其范围按目前的行政分界线，包括北部……（关于边界的详细规定）

注：下述亚得里亚海地区由协约国四国分配给克罗地亚、塞尔维亚和门的内哥罗。

在上亚得里亚，从伊斯特里亚边界的沃罗斯卡海湾，直至达尔提亚的北部边界，包括现属于匈牙利的海岸和克罗地亚的整个海岸，连同阜姆港口和新港及卡洛帕果两个小港，以及韦格拉、佩维基奥、格雷戈里奥、戈利和阿贝等岛屿。在下亚得里亚（塞尔维亚和门的内哥罗所关心的地区），从普兰卡角直至德里河的整个海岸，连同斯帕拉多、拉古萨、安蒂瓦里、社尔锡诺和圣杰恩——默社亚等重要港口，以及大小齐罗那、布瓦、苏尔塔、布拉柴、雅克利恩和卡拉莫塔等岛屿。都拉斯港应划归独立的阿尔巴尼亚穆斯林国。

第六条

意大利应接受它对发罗拉、萨扎尼岛及其邻近足以保卫这些地点的领土范围的主权……（关于边界的详细规定）

第七条

如果意大利根据本协定第四条获得特兰提诺和伊斯特里亚以及达尔提亚和第五条规定范围内的亚得里亚各岛屿及第六条规定的发罗拉海湾，并且如果保留阿尔巴尼亚的中央部分，以建立一个小的中立的自治邦，只要法国、英国和俄国愿意，意大利将不反对在门的内哥罗、塞尔维亚和希腊之间划分阿尔巴尼亚的北部和南部。从意大利领土发罗拉（见第六条）的南部边界到斯蒂罗斯角的沿海应予以中立化。

意大利在阿尔巴尼亚国对外国的关系中代表该国。此外，意大利同意在阿尔巴尼亚东面留出足够的领土,以确保希腊和塞尔维亚在奥赫里德湖以西的边界线的存在。

第八条

意大利接受对它目前占领的多德卡尼斯群岛的全部主权。

第九条

法国、英国和俄国一般承认,意大利对保持地中海的均势有利害关系,因此,在对亚洲的土耳其予以部分或全部瓜分时,意大利应公平地享有毗邻阿达利亚省的地中海地区。意大利现已在阿达利亚省拥有意英协定所规定的权益。这个最终将分配给意大利的地区,应在适当考虑法国和英国的既得利益的情况下,在适当时候划定边界。

在保持土耳其帝国的领土完整和改变各国在这个地区的利益范围时,对意大利的利益也应予以考虑。

如果法国、英国和俄国在战争期间占领了土耳其的亚洲领土部分,则毗邻阿达利亚省的地中海地区其范围如上所述,应保留给意大利,意大利有权实行占领。

第十条

苏丹根据洛桑条约在利比亚享有的一切权利和特权,应转让给意大利。

第十一条

意大利应得一份战争赔款,其数额与意大利在战争中所付出的努力和牺牲相适应。

第十二条

意大利宣布,它赞同法国、英国和俄国制定的关于阿拉伯和在阿拉伯的穆斯林圣地应留给独立的穆斯林国家管辖的宣言。

在法国和英国以牺牲德国而扩大它们在非洲的殖民地的情况下,

法国和英国原则上同意意大利可要求一些公正的补偿，特别是在关于意大利殖民地厄立特里亚、索马里和利比亚同相邻的法国和英国殖民地的边界问题上，作出有利于意大利的解决。

第十三条

英国承允在公平的条件下促成一项至少5000万英镑的货款，在伦敦市场发行。

第十四条

对于意大利可能反对任何建议罗马教廷派遣代表参加和平谈判或解决出于目前战争所引起的问题的谈判一事，法国、英国和俄国应予支持。

第十五条

本协议应保守秘密。关于意大利参加1914年9月5日宣言一事可在意大利宣战或对意大利宣战后立即单独发表。

在提出上述备忘录后，由各自政府授权的法国、英国和俄国代表和意大利政府授权的意大利代表签订了如下协定：

法国、英国和俄国完全同意意大利政府递交的备忘录。

关于备忘录中规定四国进行陆军和海军合作的第一、二和三条，意大利政府宣布，意大利将尽快，即从签字之日起一个月内开始参战。

爱德华·格雷
英佩里亚利
本肯多夫
保尔·坎博[①]

[①] 转引自世界知识出版社编：《国际条约集（1872—1916）》，北京：世界知识出版社，1986年版，第534—538页。

(三)《侯赛因—麦克马洪通信》

1915年7月14日侯赛因致麦克马洪

大英帝国承认阿拉伯各国独立。北以梅尔辛和阿达纳为界,至北纬37度,在该纬度上沿比雷季克、乌尔法、马尔丁、马迪亚特、杰泽拉特(伊本乌马尔)和阿马迪亚直到波斯国界;东从波斯国界向南至巴士拉湾;南以印度洋为界,但亚丁除外,其他地区仍维持现状;西以红海和地中海为界直至梅尔辛。英国支持建立阿拉伯人的哈里发。

1915年10月24日麦克马洪致侯赛因

梅尔辛和亚历山大勒塔这两个地区,以及大马士革、霍姆斯、哈马、和阿勒颇以西的叙利亚部分地区不能认为是纯粹阿拉伯地区,因此不应被包括在(您)所要求的疆界之内。

根据上述修正,并在不损害我们同(其他)阿拉伯首领签订的条约的前提下,我们接受(您)所提出的疆界。在不损害其盟邦法国利益的边界以内的地区中大不列颠可以采取自由行动,至于这些地区,我受权代表大不列颠政府提供下列保证,并对你的来信回答如下:

1. 经上述修正,大不列颠愿意承认和支持由麦加谢里夫所要求的疆界内的阿拉伯人的独立。

2. 大不列颠将保证圣地免受任何侵略,并将承认它的神圣性。

3. 当局势许可时,大不列颠对阿拉伯人提出建议并帮他们在那些地区建立合适的政府形式。

4. 另外,应当理解,阿拉伯人已经决定仅仅寻求大不列颠的建议和指导,同时,为采取英国的行政管理方式所需要的欧洲顾问和官员,也将都是英国人。

5. 就巴格达和巴士拉两省来说,鉴于大不列颠在那里已确立的地位和利益,阿拉伯人将承认,那里须要作特别的行政安排,目的是为了使这些地区免受外来侵略,为当地居民谋求福利和保证我们之间的经济利益。

1915年11月5日侯赛因致麦克马洪

我们放弃把梅尔辛和阿达纳两个行省归入阿拉伯王国的要求,但阿勒颇和贝鲁特两个行省以及其沿海地区都是纯粹阿拉伯人(居住)的地方,那里的阿拉伯人,不论是穆斯林还是基督徒,都是一个共同祖先的后代。

1916年1月1日侯赛因致麦克马洪

我们将避免损害英国与法国间的同盟,以及它们在目前兵连祸结的情况下所签订的协定,但是一俟战争结束,我们将首先向你们要求收回我们目前让给法国的贝鲁特及其沿海地区。[1]

---

[1] 转引自王伟:《英国与〈赛克斯—皮科协定〉》,首都师范大学硕士论文,2004年4月,第33页。

三、加里波利战役重要地名中英文对照

加里波利半岛 Gallipoli peninsula
利姆诺斯岛 Lemnos island

阿奇巴巴 Achi Baba
海勒斯角 Cape Helles
克里希亚 Krithia
克拉科尔山 Karakol Dagh
A 海滩 A Beach

B 海滩 B Beach
C 海滩 C Beach
S 海滩 S Beach
W 海滩 W Beach
X 海滩 X Beach
Y 海滩 Y Beach
V 海滩 V Beach
赛德尔巴希尔 Sedd el Bahr
苏弗拉岬 Suvla Point
安萨克凹形地带 Anzac Cove
爱琴海 Aegean Sea
布鲁萨 Brusa
伊姆罗兹岛 Imbros
利姆诺斯岛 Lemnos
布莱尔地峡 Bulair
埃尔祖鲁姆 Erzurum
巧克力山 Chocolate Hill

查纳克拜尔山脊 Chunk Bair ridge
达马克雅利克拜尔 Damakjelik Bair
加巴土丘 Gaba Tepe
克雷韦斯河谷 Kereves Dere
莫尔托湾 Morto Bay
萨洛尼卡 Salonik
库丘克阿纳法塔平原 Kuchuk Anafarta Ova
拉拉巴巴山 Lala Baba
萨里拜尔岭 Sari Bair ridge
达达尼尔海峡 Dardanelles Strait
孤松 Lone Pine
苏弗拉湾 Suvla Bay
盐湖 Salt Lake
马尔马拉海 Marmora Sea
苏弗拉湾 Suvla Bay
阿德里安堡 Adrianople
博斯普鲁斯海峡 Bosphorus Strait
黑海 Black Sea
君士坦丁堡 Constantinople
库姆卡莱 Kum Kale
贝西卡湾 Gulf of Besika
萨罗斯湾 Gulf of Xeros
迈多斯 Maidos
亚历山大勒塔湾 Gulf of Alexandretta

四、加里波利战役重要人物

协约国方面

伊恩·汉密尔顿（Ian Hamilton） 英国将军，1915年3月至10月间任加里波利战役协约国远征军总司令。

赫伯特·亨利·阿斯奎斯（Herbert Henry Asquith） 1908年到1016年时任英国首相。

温斯顿·丘吉尔（Winston Churchill） 1914年到1915年任英国海军部大臣，加里波利战役的主要筹划者，1917年至1918年间担任英国军需大臣。

霍雷肖·赫伯特·基钦纳（Horatio Herbert Kitchener） 时任英国陆军部大臣。

莫里斯·汉基（Maurice Hankey） 英国战争委员会秘书。

弗雷德里克·斯托普福德（Sir Frederick Stopford） 英军苏弗拉湾战役前线指挥官。

萨克维尔·卡登（Sackville Carden） 英国皇家海军上将，带领皇家海军发动达达尼尔海峡战役。

约翰·德·罗贝克（John De Robeck） 英国皇家海军中将，在加里波利战役期间先后担任英国皇家海军副指挥官和指挥官。

约翰·费希尔（John Fisher） 英国海军上将，1914年10月到1915年5月间任海军大臣，加里波利战役的英方主要决策者。

约翰·弗伦奇（John French） 1914年8月到1915年12月担任英国欧洲远征军司令官。

约瑟夫·加利埃尼（Joseph Gallieni） 法国将军，第一次马恩河战役的功臣，在1915年至1916年担任法国战争部长。

爱德华·格雷（Edward Grey） 1905年至1916年间担任英国外交大臣。

路易斯·马莱爵士（Sir Louis Mallet） 时任英国驻奥斯曼帝国大使。

道格拉斯·黑格（Douglas Haig） 1914年8月起担任英国远征军高级将领，1915年担任英国远征军总司令。

约瑟夫·霞飞（Joseph Joffre） 1911年至1916年间担任法军总参谋长。

戴维·劳合·乔治（David Lloyd George） 1908年至1915年间担任英国财政大臣，1915年到1916年间担任英国军需大臣，1916年担任战争大臣，1916年12月后担任首相。

亚历克斯·米勒兰（Alexandre Millerand） 1914年8月至1915年10月间担任法国战争部长。

尼古拉二世（Nicholas II） 俄罗斯帝国末代沙皇，1894年到1917年在位，1918年被处决。

尼古拉大公（Grand Duke Nicholas） 沙皇尼古拉二世的表兄，俄国将军，1914年8月至1915年9月担任俄军总司令，后服务于高加索战场。

莫利斯·帕雷奥洛格（Maurice Paleologue） 1914年至1917年间任法国驻俄国大使。

雷蒙德·普恩加莱（Raymond Polivanov） 1913年至1920年间担任法国总统。

威廉·罗伯逊（William Robertson） 英国将军，1915年12月至1918年3月担任英军总参谋长。

莫利斯·萨瑞尔（Maurice Sarrail） 1914年至1915年法国第三集团军指挥官。

赛奇·萨索诺夫（Sergei Sazonov） 1910年至1916年间担任俄国外交大臣。

马克斯维尔（Maxwell） 英国将军，时任驻埃及英军陆军指挥官。

伯德伍德（Birdwood） 中将，澳新军团指挥官。

亨特·韦斯顿（Hunter Weston） 英军第29师师长。

马克·赛克斯（Mark Sykes） 爵士，第一次世界大战期间英国中东问题专员。

同盟国方面

奥托·里曼·冯·桑德斯（Otto Liman von Sanders） 德国将军，任德国驻奥斯曼帝国军事顾问团团长，加里波利战役期间奥斯曼帝国军队总指挥官。

冯·万根海姆（Baron von Wangerheim） 第一次世界大战期间德国驻奥斯曼帝国大使。

苏雄（Admiral Souchon） 德国舰队司令，一战期间担任奥斯曼帝国海军中将。

恩维尔帕夏（Enver Pasha） 奥斯曼帝国三巨头之一，军事大臣兼总参谋长，1914年到1918年担任战争大臣，指挥奥斯曼军队中东各个战场作战。

穆斯塔法·凯末尔·阿塔图尔克（Mustafa Kemal Ataurk） 加里波利战役期间担任第19师师长，后指挥奥斯曼帝国军队在高加索和叙利亚战场作战，领导后来的土耳其民族解放战争，任土耳其共和国总统，赢得"土耳其之父"的称号。

塔拉特帕夏（Talat Pasha） 奥斯曼帝国三巨头之一，青年土耳其党主席，内务大臣。

杰马尔帕夏（Cemal Pasha） 奥斯曼帝国三巨头之一，海军大臣兼伊斯坦布尔警察总署总监。

杰法德帕夏（Jevad Pasha） 战前任土耳其军队达达尼尔海峡要塞指挥官。

中立国方面

亨利·摩根索（Henry Morgenthau） 加里波利战役期间时任美国驻奥斯曼帝国大使。

韦尼泽洛斯（Venizelos） 时任希腊首相，1914年8月20日向英国提议在东地中海用兵。

君士坦丁（Constantine） 一战期间的希腊国王。

参考文献

一、英文文献

（一）档案和原始材料

1. 英国外交部机密文件

中东，1839—1969，FO 424/1 - 297，Turkey，土耳其，1841—1957年。

2. 英国政府一战相关档案

WWI Document Archive> 1915 Documents> Reports on Gallipoli, 9 August 1915.

Kitchener's & Hamilton's Reports on Gallipoli WWI Document Archive > Official Papers > The Treaty of Alliance Between Germany and Turkey, Constantinople, August 2, 1914.

WWI Document Archive > Conventions and Treaties, The Treaty of London, 26 April, 1915.

Dardanelles Commission Report: Conclusions, General Conclusions to the Report of the Dardanelles Commission (plus a map of Gallipoli), 1917.

Sir Ian Hamilton's First Gallipoli Despatch - The Long, Long Trail, http://www.longlongtrail.co.uk/battles/british-field-commanders-despatches/sir-ian-hamiltons-first-gallipoli-despatch/.

The Campaign at Gallipoli-The Long, Long Trail, http://www.longlongtrail.co.uk/battles/the-campaign-at-gallipoli/.

3. 美国对外关系文件：美国与奥斯曼帝国关系部分

United States Department of State / Papers relating to the foreign relations of the United States with the annual message of the president transmitted to Congress, December 8, 1907(1907), Turkey, pp. 1046-1075.

United States Department of State / Papers relating to the foreign relations of the United States with the annual message of the president transmitted to Congress, December 8, 1908(1908), Turkey, pp. 737-759.

United States Department of State / Papers relating to the foreign relations of the United States with the annual message of the president transmitted to Congress, December 7, 1909(1909), Turkey, pp. 557-603.

United States Department of State / Papers relating to the foreign relations of the United States with the annual message of the president transmitted to Congress, December 6, 1910(1910), Turkey, pp. 857-860.

United States Department of State / Papers relating to the foreign relations of the United States with the annual message of the president transmitted to Congress, December 7, 1911(1911), Turkey, pp. 738-748.

United States Department of State / Papers relating to the foreign relations of the United States with the annual message of the president transmitted to Congress, December 3, 1912(1912), Turkey, pp. 1341-1354.

United States Department of State / Papers relating to the foreign relations of the United States with the address of the president to Congress, December 2, 1913. U.S. Government Printing Office, 1913, Turkey, pp. 1309-1345.

United States Department of State / Papers relating to the foreign relations of the Untied States with the address of the president to Congress, December 8, 1914. U.S. Government Printing Office, 1914, Turkey, pp. 1090-1094.

United States Department of State / Papers relating to the foreign relations of the Untied States with the address of the president to Congress, December 7, 1915. U.S. Government Printing Office, 1915, Turkey, pp. 1301-1306.

United States Department of State / Papers relating to the foreign relations of the Untied States with the address of the president to Congress, December 5, 1916. U.S. Government Printing Office, 1916, Turkey, pp. 963-965.

(二)专著

1. Aonald Pawly, *The Caiser's Warlords - German Commanders of World War I*, London: Osprey, 2003.

2. Gerald David Clayton, *Britain and the Eastern Question Missolongh to Gallipoli*, London: University of London Press, 1971.

3. David Nicolle Phd, *The Ottoman Army 1914 - 1918*, London: Osprey, 1994.

4. Henry Morgenthau, *Ambassador Morgenthau's Story*, New York: Doubleday Page & Company, 1918.

5. John Masefield, *Gallipoli*, London: William Heinemann, 1916.

6. Kevin Fewster, *Bean's Gallipoli*, New South Wales: Allen & Unwin, 2007.

7. Kevin Fewster, Vecihi Basarin, *Hatice Basarin, Gallipoli: The Turkish Story*, New South Wales: Allen & Unwin, 2003.

8. Liman von Sanders, *Five Years in Turkey*, East Sussex: The Naval & Military Press, 2012.

9. Pert Hart, *Gallipoli*, London: Profole Books Ltd., 2011.

10. Philip J. Haithornthwaite, *Gallipoli 1915-Frontal Assault on Turkey*, London: Osprey, 1991.

11. Donald Quataert, *The Ottoman Empire, 1700-1922*, Cambridge: Cambridge University Press, 2005.

12. Resat Kasaba, *The Cambridge History of Turkey*, Vol 4, Cambridge: Cambridge University Press, 2008.

13. Sean Mcmeekin, *The Berlin - Baghdad Express: The Ottoman Empire and Germany's Bid for World Power, 1898-1918*, Berlin: Perguin,

2010.

14. Stanford J. Shaw, Ezel Kural Shaw, *History of The Ottoman Empire and Modern Turkey*, Vol II, Cambridge: Cambridge University Press, 1977.

15. Dan Van Der Vat, *The Dardanelles Disaster, Winston Churchill's Greatest Failure*, London: Duckworth Overlook, 2010.

16. Daniel Allen Bulter, *Shadow of the Sultan Realm : The Destruction of the Ottoman Empire and the Creation of the Modern Middle East*, Virginia: Potomac Books Inc, 2011.

17. Edward J. Erickson, *Gallipoli: Command Under Fire*, London: Osprey Publishing, 2015.

18. Leon Davidson, *Scarecrow Army: The Anzacs at Gallipoli*, Australia: Black Dog books, 2015.

19. Stephen Chambers, *Anzac-The Landing: Gallipoli*, Barnsley: Pen & Sword Battleground, 2008.

20. J. H. J. Andriessen, *World War I in Photographs*, Netherlands: Rebo Publishers, 2002.

21. Richard Reid, *Gallipoli 1915*, Springfield Missouri: ABC Books, 2002.

22. M. Şükrü Hanioğlu, *Atatürk: An Intellectual Biography*, Princeton: Princeton University Press, 2011.

23. Mesut Uyar, Edward J. Erickson, A military history of the Ottomans: From Osman to Atatürk, ABC-CLIO, 2009.

24. Keith Murdoch, *The Gallipoli Letter*, Allen & Unwin, 2010.

25. Bruce Scates, *Return to Gallipoli: Walking to Battlefields of the Great War*, Cambridge University Press, 2006.

26. The Australian War Memorial, *The Anzac Book*, New South Wales: University of New South Wales Press Ltd., 2010.

27. Peter Plowman, *Voyage to Gallipoli*, Rosenberg Publishing Pty Ltd., 2013.

28. Tolga Örnek, Feza Toker, *Gallipoli: The Front Line Experience*,

Strawberry Hills NSW Australia : Currency Press, 2006.

29. John Philip Jones, *Johnny: The Legend and Tragedy of General Sir Ian Hamilton*, Barnsley: Pen & Sword Military, 2012.

30. Mustafa Aksakal, *The Ottoman Road to War in 1914: The Ottoman Empire and the First World War*, Cambridge: Cambridge University Press, 2008.

31. Mehmet Beşikçi, *The Ottoman Mobilization of Manpower in the First World War: between Voluntarism and Resistance*, Leiden: Koninklijke Brill NV, 2012.

32. Major-General Sir C. E. Callwell, K. C. B., *Campaigns and Their Lessons: The Dardanelles*, London: Constable and Company, LTD., 1919.

33. General Sir Ian Hamilton, G. C. B., *Gallipoli Diary*, Vol. I, New York: George H. Doran Company, 1920.

34. General Sir Ian Hamilton, G. C. B., *Gallipoli Diary*, Vol. II, New York: George H. Doran Company, 1920.

35. Major Fred Walte, D. S. O., N. Z. E., *The New Zealanders at Gallipoli*, Auckland: Whitcombe and Tombs, 1921.

36. Bryan Cooper, *The Tenth (Irish) Division in Gallipoli*, Bristol: The Burlrich Press, 1917.

37. Naim Turfan, M., *Rise of the Young Turks: Politics, the Military and Ottoman Collapse*, New York: I. B. Tauris Publishers, 2000.

(三) 论文

1. Alec L Campbel, "Last Gallipoli Veteran. Marsh", *Virginia. FT.com*, May 17, 2002.

2. Clarence D. Vesely, "Gallipoli 1915", California State University, *Doctoral thesis*, 1997.

3. Ding Qihong, "The Unchallenged National Identity in the Challenged Anzac Legend", *Overseas English*, March, 2013.

4. Bennett Doyle, "Military Geography: The influence of Terrain in the

Outcome of the Gallipoli Campaign", *The Geographical Journal*, Vol. 165, No. 1, March 1999.

5. Edward J. Erickson, "Strength Against Weakness: Ottoman Military Effectiveness at Gallipoli, 1915", *The Journal of Military History*, Vol. 65, No. 4, Oct 2001, pp. 981-1012.

6. Ev Shipard, "Echoes of Gallipoli", *Australian Geographic*, No. 102, Apr-Jun, 2011.

7. Alistair False Thomson, "History and Betrayal: The Anzac Controversy", *History Today*, Vol. 43, No. 1, Jan 1993.

8. Peter H. Hoffenberg, "Memory and the Australian War Experience, 1915-1918", *Journal of Contemporary History*, Vol. 36, No. 1, 2001, http://www.pattonhq.compdffiles.

9. Matthew Hughes, "The French Army at Gallipoli", *The RUSI Journal*, Vol. 150, No. 3, Jun 2005.

10. Janet Butler, "Nursing Gallipoli: Identity and the Challenge of Experience", *Journal of Australian Studies*, Vol. 27, No. 78, 2003.

11. Jenny Macleod, "General Sir Ian Hamilton and the Dardanelles Commission", *War in History*, Vol. 8, No. 4, 2001.

12. John Hall, V. John Basarin, Leonie Lockstone-Binney, "An Empirical Analysis of Attendance at a Commemorative Event: Anzac Day at Gallipoli", *International Journal of Hospitality Management*, Vol. 29, No. 2, 2010.

13. Keith Willson, "Reality-Check 1906-1907: The British Government Recognizes the Limitations of its Power of Offence Against the Ottoman Empire", *Middle East Studies*, Vol. 49, No. 4, 2013.

14. Kenneth F. Hyde, Serhat Harman, "Motives for a Secular Pilgrimage to the Gallipoli Battlefields", *Tourism Management*, Vol. 32, No. 6, 2011.

15. M. N. Byrne, "Mustafa Kemail Atarturk: Commander and an Effective Leader", *Geddes Papers*, 2003.

16. Matt Walsh, "Gallipoli: A Social Perspective", *Dip Bus & Corp Law*, 2005.

17. E. Michael Golda, "The Dardanelles Campaign: A historical Analogy for Littoral Mine Warfare", *Naval War College Review*, Vol. 51, No. 3, Summer 1998.

18. Allan R. Millett, "Most Significant Amphibious Operation: Invasion of Gallipoli", *The Quarterly Journal of Military History*, Vol. 12, No. 2, Winter 2000.

19. Anil Nanda, "Gallipoli: Intercontinental Leadership Through the Prism of Atatürk, Churchill, and Gandhi", *World Neurosurgery*, Vol. 79, No. 1, January 2013.

20. Nathan Wise, "Dig, Dig, Dig, Until You are Safe: Constructing the Australian Trenches on Gallipoli", *First World War Studies*, Vol. 3, No. 1, March, 2012.

21. George Patton, "The Defense of Gallipoli: A General Staff Study", http: //www.Pattonhq.Compdffilesgallipoli.pdf.

22. Peter Slade, "Gallipoli Thanatourism: The meaning of Anzac", *Annals of Tourism Research*, Vol. 30, No. 4, 2003.

23. Pheroze Unwalla, "Between Nationalism and Reconciliaton: the Turkish Government and the Dual Narrativazation of the Battle of Gallipoli, 1923-2007", University of Victoria, Master thesis, 2005.

24. Admiral de Robeck, "Final Official Reports on Gallipoli", *Current History* (New York), June, 1917.

25. Bruce Scates, "In Gallipoli's Shadow", *Australian Historical Studies*,Vol. 33, No. 119, 2002.

26. Scott, "The Naval Campaign in Gallipol-1915 I Lessons Learned", *Rearch Report*, No. AU-AWC-86-188, 1987.

27. Selda Uca Ozer, Gorkem Kayaalp Ersoy, "Dark Tourism in Gallipoli: Forecast Analysis to Determine Potential of Australian Visitors", *Procedia-Social and Behavioral Sciences*, 41, 2012.

28. Hichael Douglas Smith, "Britain, Russia, the Gallipoli and the Straits", Florida State University, *Doctoral Thesis*, 1979.

29. Theophilus C. Prousis, "Disputes in the Dardanelles: A Report on Russo-Ottoman Relations", *East European Quarterly*, Vol. 36, No. 2, Summer 2002.

30. Travers Tim, "The Ottoman Crisis of May 1915 at Gallipoli", *War in History*, Vol. 8, No. 1, 2001.

31. Travers Tim, "Liman von Sanders, the Capture of Lieutenant Palmer, and Ottoman Anticipation of the Allied Landings at Gallipoli on April 25", *The Journal of Military History*, Vol. 65, No. 4, Oct 2001.

32. William Cartwright, "An Investigation of Maps and Cartographic Artefacts of the Gallipoli Campaign1915: Military, Commercial and Personal", *Geospatial Visualisation*, Springer-Verlag Berlin Heidelberg, 2013.

33. Yavuz Selim Ağaoğlu, "Visiting Gallipoli Peninsula: Perception of Australian and New Zealand Visitors towards Anzac Day in Turkey", Gümüşhane Üniversitesi Sosyal Bilimler Elektronik Dergisi Say 6 Haziran, 2012.

34. Yigal Sheffy, "The Chemical Dimension of the Gallipoli Campaign: Introducing Chemical Warfare to the Middle East", *War in History*, Vol. 12, No. 3, 2005.

35. David French, "The Origins of the Dardanelles Campaign Reconsidered", *History*, Vol. 68, No. 223, 1983.

36. John Zubrzycki, "100 Years Later, Australia Remembers 'baptism of fire' at Gallipoli", *The Christian Science Monitor*, April 25, 2015.

37. "Turkey Hosts Gallipoli Ceremonies 100 Years On", *The New Vision*, Apr 24, 2015.

38. "Gallipoli Campaign Commemorated in New York", *Anadolu Agency*, Apr 17, 2015.

39. A. Humeyra Atilgan, Burcu Arik, "March 18, 1915: Gallipoli Won

with 'Faith and Patriotism'", *Anadolu Agency*, Mar 18, 2015.

40. Piotr Nykiel, "Naval Operations in the Dardanelles (February 25-March 17, 1915)", www.navyingallipoli.com.

41. Nelson, Hank, "Gallipoli, Kokoda and the Making of National Identity", *Journal of Australian Studies*, Vol. 21, No. 53, 1997.

42. Brad West, "Turkish Memorializationat Gallipoli: Rethinking the Commemoration/ Tourism Nexus", School of Sociology, Politics and International Studies, University of Bristol Working Paper, No. 04-10.

（三）网络资料

1. 美国国家地理频道（National Geographic Channels International）：[寰宇地理]加里波利战役之谜，http://www.natgeo.com.cn/404.aspx。

2. 加里波利与澳新军团网站（Gallipoli and the Anzacs website）：www.anzacsite.gov.au。

二、中文文献

（一）著作

1.《经典读库》编委会编著：《一战二战经典战役全纪录》，南京：江苏凤凰美术出版社，2015年版。

2. 百如编：《第一次世界大战（九）》，沈阳：辽宁美术出版社，1996年版。

3. 陈海宏、吴倩：《欧陆烽烟500年欧洲陆军战争》，北京：北京大学出版社，2010年版。

4.［汉］司马迁著：《史记》，陈玫译注，西安：陕西旅游出版社，2007年版。

5. 陈书海、张正满等编著：《航空母舰——海军史上的里程碑》，北京：国防工业出版社，2007年版。

6. 房兵：《大国航母（第二部）》，北京：中国长安出版社，2012年版。

7. 郭长刚、杨晨、李鑫均等编著：《列国志·土耳其》，北京：社会科学文献出版社，2015年版。

8. 哈全安：《世界历史文化丛书：土耳其通史》，上海：上海社会科学院出版社，2014年版。

9. 哈全安：《中东国家史610—2000：奥斯曼帝国史》，天津：天津人民出版社，2016年版。

10. 黄维民、慕怀琴：《土耳其史话》，北京：中国书籍出版社，2014年版。

11. 黄维民：《奥斯曼帝国》，西安：三秦出版社，2000年版。

12. 黄维民：《中东国家通史》（土耳其卷），北京：商务印书馆，2002年版。

13. 黄维民：《奥斯曼帝国》，北京：中国国际广播出版社，2015年版。

14. 李岩、高明编：《第一次世界大战史画》，北京：蓝天出版社，2005年版。

15. 刘云：《土耳其政治现代化思考》，兰州：甘肃人民出版社，2002年版。

16. 缪文远、罗永连等译注，《战国策》，北京：中华书局，2006年版。

17. 彭树智：《东方民族主义思潮》，北京：人民出版社，2013年版。

18. 彭树智：《文明交往论》，西安：陕西人民出版社，2002年版。

19. 彭树智主编，王铁铮、黄民兴、邵丽英等著：《中东史》，北京：人民出版社，2010年版。

20. 骈宇骞、王建宇等译注，《孙子兵法 孙膑兵法》，北京：中华书局，2006年版。

21. 田瑾：《18至19世纪奥斯曼帝国与欧洲文化交往研究》，北京：中国社会科学出版社，2013年版。

22. 王三义：《晚期奥斯曼帝国史（1792—1918）》，北京：中国社会科学出版社，2015年版。

23. 王文华、毛元佑：《世纪豪赌：20世纪著名战争/第一次世界大战》,北京:军事科学出版社,2001年版。

24. 吴兴东:《土耳其史》,台北:三民书局股份有限公司,2003年版。

25. 许序雅、许辅旻:《文明的十字路口:奥斯曼帝国的兴衰》,北京:商务印书馆,2012年版。

26. 阎京生、刘怡主编:《战争史研究》,呼和浩特:内蒙古人民出版社,2008年版。

27. 杨鹏飞、李积顺主编:《20世纪以来的战争、和平与世界发展 中国世界现代史研究会兰州会议论文集》,兰州:甘肃文化出版社,2015年版。

28. 杨兆钧:《土耳其现代史》,昆明:云南大学出版社,1990年版。

29. 昝涛:《现代国家与民族构建:20世纪前期土耳其民族主义研究》,北京:三联书店,2011年版。

30. 张天:《澳洲史》,北京:社会科学文献出版社,1996年版。

31. 赵镜元:《中华百科丛书:土耳其史》,北京:中华书局,1935年版。

32. 赵军秀:《英国对土耳其海峡政策的演变(18世纪末至20世纪初)》,北京:中国社会科学出版社,2007年版。

33. 赵渊主编,采永发副主编:《烽火记忆:军事迷必知的60场经典战役》,北京:化学工业出版社,2012年版。

34. 彭树智:《我的文明观》,西安:西北大学出版社,2013年版。

35. 彭树智:《两斋文明自觉论随笔》,北京:中国社会科学出版社,2012年版。

(二)中文译著

1. [英]温斯顿·丘吉尔劳动著:《第一次世界大战回忆录》第2卷,刘立译,海口:南方出版社,2008年版。

2. [英]李德·哈特著:《第一次世界大战战史》,林光余译,上海:上海人民出版社,2010年版。

3. [美]J.B.康德里夫、[新]W.T.G.艾雷著:《新西兰简史》,广东化工学院《新西兰简史》翻译组译，广州：广东人民出版社，1978年版。

4. ［英］伯纳德·爱尔兰著：《1914—1945年的海上战争》，李雯、刘慧娟译，上海：上海人民出版社，2005年版。

5. ［美］梅尔著：《一战秘史：鲜为人知的1914—1918》，何卫宁译，北京：新华出版社，2011年版。

6. ［英］马丁·吉尔伯特著：《20世纪世界史》第一卷（上），中国社会科学院世界历史研究所译，西安：陕西师范大学出版社，2001年版。

7. ［德］卡劳塞维茨著：《战争论》，杨南芳等译校，西安：陕西人民出版社，2000年版。

8. ［美］亨利·基辛格著：《大外交》，顾淑馨、林添贵译，海口：海南出版社，1998年版。

9. ［美］彼得·I.博斯科著：《美国人眼中的第一次世界大战》，孙宝寅译，北京：当代中国出版社，2005年版。

10. ［美］斯塔夫里阿诺斯著：《全球通史》，董书慧、王昶、徐正源译，北京：北京大学出版社，2005年版。

11. ［英］J. F. C. 富勒著：《西洋世界军事史（卷三）》，钮先钟译，桂林：广西师范大学出版社，2012年版。

12. ［英］杰弗里·雷根著：《人类海战史上的重大失误》，陈海宏等译，济南：山东画报出版社，2007年版。

13. ［英］彼得·哈特著：《世界大战1914—1918：一战中的关键战役和重要战场》，何卫宁译，北京：新华出版社，2014年版。

14. ［美］杰弗里·帕克等著：《剑桥插图战争史》，傅景川、李军、李安琴译，济南：山东画报出版社，2004年版。

15. ［英］约翰·基根著：《第一次世界大战史》，张质文译，北京：北京大学出版社，2014年版。

16. ［美］斯科特·安德森著：《战争、谎言、帝国愚行与现代中东的形成》，陈大鹏译，北京：中国社会科学出版社，2014年版。

17. ［日］海人社编著：《英国航空母舰史》，徐岭、章骞译，青岛：青岛出版社，2013年版。

18.［英］杰森·古德温著:《奥斯曼帝国闲史》，罗蕾、周晓东、郭金译，南京：江苏人民出版社，2010年版。

19.［英］伯纳德·路易斯著:《中东：激荡在辉煌的历史中》，郑之书译，北京：中国友谊出版公司，2000年版。

20.［土耳其］戴维森著:《从瓦解到新生：土耳其现代化》，张增健、姚楠、刘同舜、龙协涛译，上海：学林出版社，1996年版。

21.［英］伯纳德·刘易斯著:《现代土耳其的兴起》，范中廉译，北京：商务印书馆，1982年版。

22.［英］詹姆斯·巴尔著:《瓜分沙洲：英国、法国与塑造中东的斗争》，徐臻译，北京：社会科学文献出版社，2018年版。

23.［英］H. P. 威尔默特著:《第一次世界大战全纪录》，张晓晔和李路洋等译，广州：新世纪出版社，2014年版。

24.［英］尤金·罗根著:《奥斯曼帝国的衰亡：一战中东，1914—1920》，王阳阳译，桂林：广西师范大学出版社，2017年版。

25.［英］诺曼·斯通著:《土耳其简史》，刘昌鑫译，哈全安审校，北京：中信出版集团，2017年版。

26.［美］西恩·麦克米金著:《奥斯曼帝国的终结：战争、革命以及现代中东的诞生，1908—1923》，姚志宏译，北京：中信出版集团，2018年版。

27.［英］帕特里克·贝尔福著:《奥斯曼帝国600年：土耳其帝国的兴衰》，栾力夫译，北京：中信出版集团，2018年版。

（三）学术论文

1. 杜立平：《大登陆——20世纪最著名的六次重大登陆战役》，《军事历史》，1999年第5期。

2. 黄淑桢：《"东方问题"产生的探析》，《史学月刊》，1984年第5期。

3. 梁丽娟：《加里波利战场凭吊》，《世界知识》，1990年月第16期。

4. 林慧：《行走在历史与未来之间：对澳大利亚传统节日ANZAC的当代解读》，《艺术评论》，2012年第12期。

5. 刘怡、李隽旸:《星月飘扬的舰队:第一次世界大战中的土耳其海军(上)》,《舰载武器》,2007年第1期。

6. 刘怡、李隽旸:《星月飘扬的舰队:第一次世界大战中的土耳其海军(下)》,《舰载武器》,2007年第2期。

7. 马翱翔:《丘吉尔曾是一个无能的海军指挥官》,《当代海军》,2000年第S1期。

8. 苏永续:《作为文学家和历史学家的丘吉尔》,《周口师范高等专科学校学报》,2001年第6期。

9. 唐承运、刘亚臣:《巴格达铁路——德意志德国向东方推进的工具》,《世界历史》,1994年第4期。

10. 武红旗:《东方问题的若干探讨》,《黑龙江史志》,2008年第16期。

11. 晓闻:《达达尼尔登陆作战的失败》,《知识就是力量》,2005年第4期。

12. 张艳明、曹家伟:《奋战达达尼尔海峡——英国E级潜艇一战期间在马尔马拉海域的传奇经历》,《环球军事》,2004年第22期。

13. 赵军秀:《英国与1915年〈海峡协定〉》,《史学月刊》,2004年第9期。

14. 孟庆顺:《1916—1918阿拉伯民族大起义述评》,《阿拉伯世界》,1990年第3期。

15. 王月雪:《传奇华裔神枪手沈比利》,《人生与伴侣(月末版)》,2015年第1期。

16. 吴凤明:《航空母舰与战争》,《现代军事》,1999年第5期。

17. 王云飞:《华裔沈比利 第一神枪手》,《文史月刊》,2008年第11期。

18. 王向飞、安琳、陈宇:《开创诸多世界第一的肖特双翼水上飞机——回望20世纪20年代的韦斯特兰飞机公司》,《航空世界》,2016年第7期。

19. 冯雷、郭鑫:《生态主义视域下的〈加里波利战役〉》,《电影文学》,2016年第10期。

20. 张添溯、程峰:《外国咋过军人节日》,《共产党员》,2015年第15期。

21. 乔钟:《"一战"中的华裔枪神》,《百姓生活》,2013年第5期。

22. 杨涤非:《与"一战"相遇的科学家》,《百科知识》,2014年第13期。

23. 刘少才:《在本土没有发生过战争的澳大利亚,有一座战争纪念馆》,《文史月刊》,2011年第1期。

24. 李凯:《战争狙击手的"吉尼斯"》,《解放军生活》,2011年第8期。

25. Outlaw:《〈加里波利〉幻灭的炮灰》,《国家人文历史》,2015年第4期。

26. 楚水昂:《一支被两次凿沉的舰队 俄黑海军队悲惨命运的前世今生》,《舰载武器》,2010年第1期。

27. 王伟:《试析"一战"初期英国的中东政策——基于《德邦森报告书》,《北京理工大学学报》(社会科学版),2003年第6期。

28. 陈利宽:《论加里波利战役的历史影响》,《大庆师范学院学报》,2017年第2期。

29. 张超:《加里波利战役回顾与启示》,《军事历史》,2016年第4期。

(四)学位论文

1. 贾云凤:《澳新军团神话与澳大利亚的"一战"记忆》,华东师范大学硕士学位论文,2015年。

2. 孔一蕾:《大卫·马洛夫小说中的澳大利亚家园建构》,苏州大学博士学位论文,2011年。

3. 王伟:《英国与〈赛克斯—皮科协定〉》,首都师范大学硕士学位论文,2004年。

4. 程小春:《阿拉伯抗土建国运动研究(1914—1920)》,南京大学硕士学位论文,2013年。

5. 樊为之:《奥斯曼帝国后期的军事与政治关系研究》,西北大学硕士学位论文，2000年。

（五）报刊资料

1. 李昊野：《加里波利登陆战》，《中国国防报》，2015年5月13日，第021版。

后　记

2011年9月，我来到古城西安开始进入西北大学中东研究所学习，有幸在邵丽英老师门下攻读硕士学位。她的精心指导和点播使我走出研究生阶段学习生活和科研的误区，逐渐步入正轨。本书也是在邵老师指导的硕士毕业论文基础上继续进行研究积累的结果。

进入博士研究生阶段学习后，我有幸投身到黄民兴老师门下学习。黄老师治学严谨、成果丰富、平易近人、喜爱艺术，这些都使我深受感染，对我的学习和生活都有很深的启发。彭树智先生是我国著名的历史学家，他年过8旬，坚持潜心治学。他的这种治学精神使我这个晚辈深受鼓舞。在西大6年读书期间，我从所里王铁铮老师、韩志斌老师、林松叶老师、王猛老师、蒋真老师、李福泉老师、赵广成老师以及历史学院王新刚老师、胡勇老师的课程和讲座中学到大量知识，开拓了自己的学术视野和思路。与中东所、思想所和历史学院众多青年才俊博士的交流也使我受益多多。中东所办公室的张迎春老师、资料室的冯淑珍老师和欧轩老师对我的学习和科研都提供了大量帮助。在研究生院招生办公室兼职期间，段俊杰老师、陈锋老师、寇楠老师、王全伟老师、冯建涛老师和李海育老师都给我很多帮助。

硕士毕业论文外审过程中，郑州大学陈天社教授、陕西师范大学何志龙教授和厦门大学范鸿达教授提出了宝贵的修改意见和建议。本书写作过程中，西大图书馆付敏老师、中东所赵广成老师和中国人民大学白云天博士不辞辛劳，抽出宝贵时间帮助我查询和扫描相关资料。中东所众兄弟姐妹们陪伴我成长6年。

各位老师和同学们的支持和帮助我都铭记在心。

感谢世界知识出版社袁路明编审在本书出版过程中的帮助和辛苦工作。感谢延安大学历史系、科研处的领导和同事们在工作、学习和生活中给予的帮助。

最后，感谢家人在我求学、工作和生活过程中给予的爱和帮助。

限于种种原因，本书不免存在不足之处，恳请读者们给予批评指正。

陈利宽

2020年惊蛰于延安